KB275448

不可思議不可思議
地藏大聖威神力
人人掌中弄寶珠

爲慶讚地藏經刊行 戊午仲春 金卉沙門 葛珠

불가사의 하여라 불가사의 하여라
지장보살 마하살의 위신력이여
사람마다 두 손에 여의주를 희롱하네

지장경

광덕 역

머 리 말

　지장보살이 한 걸음 움직이실 때 대천세계에 서기와 광명이 넘쳐나고 무량한 상서와 공덕이 온 중생 위에 부어진다. 일체 어둠은 사라지고 일체 장애는 타파되며 일체 미혹이 허물어지고 온 국토 위에 무량정토가 현전된다. 사람 사람마다 한량없는 장엄이 구족하고 제각기의 두 손에 여의주를 쥐게 된다. 지장보살이 한 생각 움직이는 데서 일체 세계의 온갖 장애가 허물어지고 삼악도가 깨져 그 곳 중생이 무상묘락을 성취하고 자재한 해탈공덕을 수용하게 되는 것이다.

　부처님께서도 말씀하시기를 "지장, 지장이여. 그대의 신력이 불가사의하며 그대의 자비가 불가사의하며 그대의 지혜가 불가사의하며 그대의 변재가 불가사의라. 시방제불이 다 함께 그대의 공덕을 찬탄하여 천만겁에 이르더라도 다하지 못하리로다"하셨으니 지장보살의 그 위신력을 누가 있어 가히 짐작할 수 있을까.

지장보살은 매일 아침마다 모든 중생들을 성숙시키기 위하여 백천 항하사수 정(定)에 드신다고 하셨다. 지장보살의 정력이 중생들의 일체 미혹을 타파하고 육도중생의 온갖 고난을 척파하며 시방국토에 헤아릴 수 없는 청정공덕을 가득 담아 주심은 경에 상세하거니와, 그 중에서도 지장보살의 위신력이 일체 중생 두 손 위에 여의주를 안겨 주신다는 사실에 우리는 새삼 경건히 주목하는 바이다.

지장보살은 죄고에 빠진 중생들에게 특별히 서원이 지중하시다. 삼악도를 멸하고 지옥을 말리며 고통받는 모든 유정들로 하여금 일체 청정원을 성취시키고 일체 자재를 원만케 하여 정각을 이루게 함이 필경 소원인 것이다.

원래로 이와 같이 밝고 원래로 이와 같이 맑으며 원래로 이와 같이 걸림없고 원래로 이와 같이 원만한데 중생들은 미혹과 집착으로 괴로움의 수렁을 헤맨다. 지장보살은 이러한 유정들에게 특별한 서원이 있는 것이다. 저들 중생 하나하나를 건지기 위하여 백천 방편을 베풀으시며 백천 삼매에 드시며 헤아릴 수 없는 분신을 일체 국토 일체 처소에 나투시는 것이다. 본래 없는 고통이 분명히 거기 있으며 풍요와 자재와 원만 덕성이 거기 있건만, 거기서 결핍과 무지와 속박으로 아우성치는 중생 위에 속박을 풀어 주며 결핍을 채워주며 자재와 청정을 성취시키는 지장보살은 범부들에게는 너무나 육감적(肉感的)이며 너무나 친숙하고 너무나 간곡하시다.

4

이러하기에 지장보살은 석가모니 부처님께서 멸도에 드신 뒤 미륵불께서 출세하시는 그 사이에 천상과 인간의 모든 유정들을 구원하고 고통에서 빼줄 것을 부처님으로부터 부촉받으신 것이다. 지장보살도 말세에 고통받는 중생들에 대하여 온갖 신력을 기울여 구원할 것을 부처님께 맹세하고 부처님께 염려를 놓으실 것을 말씀드리고 있는 것이다.

이 어찌 우러러 예경하고 '나무지장보살'을 소리 높이 부르지 아니할까 보냐.

시방제불이 입을 다무시는 지장보살의 위신력에 대하여 보살을 배우는 불자로서 불가불 그 위신력의 근원에 대하여 등한할 수 없는 것이다.

지장보살본원경에는 광목녀(光目女)의 서원이 그 서두를 장식함을 본다. 광목은 그의 어머니가 죽어서 지옥에 떨어지고 다시 하천보를 받게 되자 청정연화목여래 앞에서 원을 세우기를 "일체 지옥과 삼악도의 죄고중생을 모두 제도하여 성불케 한 연후에 정각을 이루오리다"하였다. 효심(孝心)에서 출발하여 대자비로 확대되고 자기는 뒤로 하고 일체 중생의 성숙을 본원으로 삼은 광목녀의 대서원이 필경 금일의 지장보살을 출현시켰음을 우리는 보는 것이다. "고통에 빠진 중생들을 제도하고 그 모두를 성불시킨 연후에 스스로 성불하겠다"는 큰 서원이 필경 삼세제불이 칭량하지 못 할 무량자재신력의 근원인 것을 우리는 발견한다.

지장보살은 법성(法性) 원만성의 완전실현이며 각성본분(覺性

本分)의 항사(恒沙)공덕의 전면노출이시다. 지장보살의 거룩한 명호와 헤아릴 수 없는 위신력은 삼세제불의 대원의 배〔船〕이며 자재해탈의 수레인 것이다. 일체 중생을 키우고 성숙시키고 지탱하는 대지(大地)와 같고 헤아릴 수 없고 생각할 수 없고 비유로서도 이를 수 없는 온갖 공덕을 간직하셨으므로 이를 일컬어 지장(地藏)이라고 하는 것이다. 지장보살이 이와 같이 원만하시고 이와 같이 자비하시고 이와 같이 완전하시며 이와 같이 번뇌와 고통에 싸인 중생들과 지극히 친밀히 함께 하시니 이 경사스럽고 다행함을 다시 무엇이라고 말을 하랴. 우리는 오직 이와 같은 대자비·대위덕·대서원의 지장보살의 자해(滋海)에 젖을 것을 일심으로 생각하는 것이다.

경의 말씀을 살피건대 지장보살의 대위신의 배에 오르는 데는 대개 세 가지 큰 길이 있음을 알게 된다. 첫째는 예경하고 찬탄하며 공양하고 온갖 공덕을 닦는 것이며, 둘째는 지장보살마하살의 대원을 자신의 원으로 받아들여 거듭 원을 발하는 것이고, 셋째는 설사 한 터럭끝·한 모래알 만한 공덕이라도 그를 일체중생과 법계에 회향하는 일이다.

이와 같은 대원과 대행을 발함은 이것이 바로 지장보살의 대원의 배에 타는 것이며, 자성의 무량청정공덕을 이끌어내는 것이며, 자그마한 범부의 행에서 여래청정 대공덕행으로 바꾸는 것이 되는 것이다.

우리는 경에서 지장보살은 구원겁래의 지중한 서원력으로 심히 깊고 미묘한 마하반야바라밀다를 얻으셨음을 보게 된다. 살피건대 지장보살을 우러러 찬탄하고 예배하며 지장의 대원을 이어 발원하며 일체 행을 법계에 회향하는 것이 어찌 심심미묘한 마하반야바라밀다를 수순함이 아닐까. 우리는 마땅히 대지와 더불어 일체를 성숙시키고 허공과 더불어 일체를 갈무린 지장보살의 무량청정광명행을 이 마하반야바라밀다의 구체적 실천으로써 열고 펴나가야 할 것이다.

오늘날 세대는 물질적인 세계와 육체적인 세계와 인간과 관념적이며 감각적인 가치관에 파묻히고 현혹되어 끝모를 황야를 방황하는 감이 있다. 이들 범부 역사를 바라밀(波羅蜜)개현의 역사로 바꾸고 범부를 성인으로, 지옥을 극락으로 바꾸며 속박을 풀어 대해탈신을 이루게 하는 것이 어찌 용이한 일이랴. 그러나 다행히도 여기 지장보살마하살의 대비대원의 튼튼한 배와 편안한 뗏목이 기다리고 있음이랴. 이 법문은 이른바 근기가 둔하고 미혹에 빠져 깊은 고통 바다를 헤매는 범부들에게 다시 없는 묘약인 것이다. 이 법문을 통하여 죄고에 빠진 중생들이 즉시에 청정한 자성 공덕해를 수용하게 되며 모든 성인과 더불어 손을 잡고 대해탈의 평원을 자재하게 노닐게 되는 것이다.

지장보살마하살의 대자비위신력과 불가사의한 위덕광명은 지금 이 순간도 우리를 감싸고 온 법계를 넘쳐난다. 그리고 백천만억 항하의 모래수로도 비유할 수 없는 분신지장보살이 우리 주변에서 끊임없이 우리를 보호하고 가꾸고 성숙시키고 있으며 우리들 두 손엔 여의보주가 찬란히 쥐어져 있는 것이니 어찌 이를 눈 감고 스스로 궁자(窮子)의 미로(迷路)를 자취할 것인가.

이제 감히 지장보살경을 받들어 펴게 됨은 이와 같은 지장보살 마하살의 극진하신 자비위신력에 계수 합장하면서 우리나라 지장신앙이 더욱 불타오르고 온 겨레 온 유정들이 다 함께 지장대원해(地藏大願海)에 자재 소요하게 되기를 기원하는 것이다.

이번 지장경 번역출판에 직접 동기를 주신 것은 불모산 성주사(佛母山 聖住寺) 보봉(寶峰)선백이다. 선백은 평소에 지장법문을 선양하여 오더니 지난해 지장보살에 대한 우리 교계의 두터운 신앙에 비하여 지장대성에 대한 이해가 정돈되지 못한 것을 탄하면서 지장경의 광선유포(廣宣流布)를 의논해왔다. 이것은 우납 장년(長年)의 소회(所懷)라 흔쾌히 응락하고 지난 한 겨울을 '나무지장보살'로 채웠던 것이다. 이에 선백에게 깊은 감사를 드려 마지 않는다.

불기2522년(戊午) 입춘일
대각사(大覺寺) 불광당(佛光堂)에서
광덕 삼가 적음

목차

머리말 —————————————————— 2

목차 ————————————————— 8

삼귀의 ———————————————— 11

발원문 ———————————————— 12

개경게 ———————————————— 14

개법장진언 ——————————————— 14

대승대집지장십륜경 서품 ——————— 17

지장보살본원경

제1권 도리천궁에서 신통을 나투심 ———— 105

제2권 분신이 법회에 모임 ——————— 125

제3권 중생의 업연을 관찰함 ————————— 132

제4권 염부제 중생이 지은 업으로 받는 과업 —— 142

제5권 지옥의 이름 ———————————— 163

제6권 부처님께서 찬탄하심 ————————— 171

제7권 죽은 이와 산 사람을 함께 이익되게 함 — 188

제8권 염라왕의 무리가 찬탄함 ———————— 199

제9권 부처님의 명호를 일컬음 ———————— 216

제10권 보시한 공덕을 헤아림 ———————— 224

제11권 지신이 호법함 ———————————— 233

제12권 보고 듣는 데도 이익이 있음 ————— 238

제13권 천상과 인간에게 부촉하심 ————— 258

지장보살 예찬문 ———————————————— 271

발원문(제2 반야보살 행원기도) ——————— 301

축원문(왕생정토기원) ————————————— 306

삼귀의

거룩한 부처님께 귀의합니다.
거룩한 가르침에 귀의합니다.
거룩한 스님들께 귀의합니다.

발 원 문

　저희들이 지극한 마음 다해 시방 삼보님
께 귀의하오며 넓고 큰 원을 발하옵고 이
제 지장경을 지송하옵니다.
바라옵건대 저희 조국 대한민국이 평화통
일 이루옵고 만세무궁 만만세 하여지이
다.

　우리 겨레와 모든 중생이 다 맑고 밝은
큰 마음을 발하여 원만한 덕성과 뛰어난
재질을 남김없이 발휘하여지이다.
저희들의 역대 선망 조상님과 의롭게 살
다가신 선열들과 모든 애혼불자들이 모두

가 고통을 벗어나서 극락세계에 왕생하여
지오며 이 경을 보거나 듣는 자 모두가
보리심을 발하여 각기의 집안과 나라와
세계를 위하여 빛나는 큰 뜻을 원만히 이
루어지이다.

개경게(開經偈)

위－없이 심히깊은 미묘법이여
백－천－ 만겁인들 어찌만나리
내－이제 보고듣고 받아지니니
부처님의 진실한뜻 알아지이다.

개법장진언(開法藏眞言)

옴 아라남 아라다 (3편)

대승대집지장십륜경 서품

이와 같이 내가 들었다. 한때 바가바(薄伽梵)께서는 거라제야산의 여러 선인(仙人)들이 사는 곳에서 큰 비구들과 함께 계셨는데 이른바 수를 헤아릴 수 없는 성문승과 또한 보살마하살이 있었으니 이른바 수를 헤아릴 수 없는 대보살승들이었다.

때마침 부처님께서는 월장경(月藏經)을 설하여 마치셨다.

그때 남쪽으로부터 큰 향구름[香雲]이 와서 큰 향비[香雨]를 내리고 큰 꽃구름이 와서는 큰 꽃비를 내렸으며 오묘하고 아름다운 보배장식의 구름이 와서는 오묘하고 아름다운 보배장식의 비를 내렸으며, 오묘하고 조출한 큰 의복구름이 와서는 오묘하고 조출한 큰 의복의 비를 내렸다.

이 여러 구름과 비가 그 여러 선인들이 사

는 산을 가득 채우니 여러 향과 꽃과 보배롭게 장식된 의복에서는 여러 가지 백천의 미묘한 큰 법의 소리를 내었는데 이른바 삼보(三寶)께 귀의하고 경배하는 소리며 율행을 받아지니는 소리며 인욕하여 유화(柔和)한 소리며, 용맹스러이 정진하는 소리며, 사마(四魔)를 항복받는 소리며, 지혜로 나아가는 소리며, 넓고 큰 이름을 일컫는 소리가 삼계(三界)에 가득찬 소리며, 수승한 염(念)과 정(定)과 총지(摠持)를 부지런히 닦기를 권하는 소리며, 공(空)과 무상(無相)과 무원(無願)의 소리며, 탐욕을 멀리 여읜 소리며, 형상은 물거품이 모인 거와 같다는 소리며, 감각은 뜬 물거품과 같다는 소리며, 생각은 아지랑이와 같다는 소리며, 행(行)은 파초와 같다는 소리며, 식(識)은 환과 같다는 소리며, 무상(無常)한 소리며, 고의 소리며, 무아의 소리며, 공한 소리며, 부끄러워하는 소리며, 모두를 멀리 여읜 소리며, 자성을 잘 호념하는 소리며, 자비희사의 소리며, 모든 법을 증득한 소리며, 천상에 나고 열반에 든 소리며, 삼승(三乘)에 나아가는 소리며, 큰 법륜(法輪)을 굴리는 소리며, 큰 법비〔法雨〕를 내리는 소리며, 중생들을 성숙시키는 소리며, 삼악도 중생을 제도하는 소리며, 육바라밀행을 원만히 닦는 소리며, 선교(善巧)한 방편의 소리며, 십지(十地)로 나아가 들어가는 소리며, 신통으로 유희하는 소리며, 위없는 청정한 대승경계를 유희하는 소리며, 물러서지 않는 지위의 소리며, 무생법인(無生法忍)의 소리며, 관정(灌頂)자리를 받는 소리며, 모든 부처님의 큰 바다로 나아가 들어가는 소리들이었다.

그때에 여러 곳에서 모인 많은 대중들이 모두가 이와 같은 가지가지 구름과 비를 보며 또한 이와 같은 모든 법의 음성을 듣고 모두가 바라는 바가 다 이루어지고 또한 각기의 몸이 가지가지 향과 꽃과 보배로 장식된 의복을 입고 장엄되어 있음을 보았으며, 또한 각기의 두 손바닥 안에 여의주가 저절로 쥐어져 있음을 보았다. 그리고 그 낱낱 여의주 가운데서 가지가지 보배가 흘러 나왔으며, 또한 그 낱낱 여의주에서 여러 가지 큰 광명을 놓았는데 그 광명으로 인하여 모든 중생들이 모두가 시방 항하사의 제불세계를 보았으며, 또한 그 광명으로 인하여 모든 불국토마다 부처님이 계시어 한량없는 대중들이 둘러싸고 공경함을 보았다.

또 그 광명으로 인하여 모든 국토의 일체 중생들이 혹 병이 있는 자는 이 광명을 만남으로 인하여 모든 병이 다 나았고, 또한 죽게 되거나 결박되어 옥에 갇힌 자들도 광명이 비친 고로 모두가 풀려났으며, 다시 몸과 말과 뜻이 거칠고 무겁고 더럽고 탁한 자들도 광명을 만남으로 인하여 모두 가볍고 부드럽고 청정함을 얻었으며, 시장한 자들은 모두 배부르게 되고 가지가지 형벌로 고통이 핍절한 자는 광명이 비친 고로 모두 근심과 고통을 여의었으며, 의복이나 보배장식이나 귀한 재물이 적은 자는 광명이 비친 고로 뜻대로 다 넉넉하여졌으며, 또 모든 유정 가운데 산 목숨을 죽이기를 좋아하거나 내지 삿된 소견을 좋아하는 자는 이 광명을 만남으로 말미암아 모두 다 산 목숨을 죽이고

자 하는 생각을 멀리하였고 내지 삿된 소견을 즐기는 것을 멀리하였으며, 또한 여러 중생들이 여러 가지를 구하여도 얻지 못하는 고통이 핍절한 자에게는 광명이 비춘 고로 원하는 바를 따라서 모두를 이루었다.

또 이 광명으로 인하여 모든 국토의 일체 중생들이 받는 바 여러 고통이 쉬지 않음이 없고 모두가 여러 가지 묘한 즐거움을 마음껏 누리는 것을 보았으며, 또한 이와 같은 여러 불국토 중에서 이 광명을 만남으로 말미암아 일체 어두운 구름과 먼지와 안개와 매서운 바람과 폭우와 좋지 않은 소리와 또한 모든 더럽고 냄새 나고 쓰고 매운 나쁜 맛과 나쁜 촉감과 두려움 등을 멀리 여의었으며, 일체의 삿된 업과 삿된 말과 삿된 뜻과 삿된 믿음의 행을 멀리 떠나 춥지도 않고

덥지도 않으며 편안하고 고요하여 탄연하며 손바닥처럼 편편한 땅에는 여러 가지 오묘한 즐거움이 그 가운데에 가득히 갖추어져 있었다.

저 때에 회중에 모든 대중들의 몸이 갑자기 땅보다 더욱 든든하고 굳고 무거워져 움직이기 어려움을 느꼈다. 대중들은 이러한 이상한 현상을 보고 모두가 놀라고 의심하면서 '무슨 인연으로 이런 징조가 나타나는 것일까?' 하였더니 그때에 그 대중 가운데에 한 제석천이 있었는데 이름이 무구생(無垢生)이었다. 그는 부처님으로부터 멀지 않은 곳에 앉아 있다가 곧 자리에서 일어나 부처님께 예배하고 부처님을 향하여 합장하고 게송으로 물었다.

참된말씀　참된견해　다갖추시고
참된선에　머무시는　여래께서는
깊고깊은　진실한법　남김이없이
중생위해　두루두루　선설하시네.

여러갈래　가지가지　중생들에게
괴로움도　그원인도　없게하신데
이자리는　어찌되온　인연으로써
온갖구름　온갖비를　나타내시어
대중들을　모두모두　기쁘게하며
빠짐없이　청정신심　내게하온지?

대중들이　하나같이　대승심내고
의심끊고　바른견해　내었사온대
천상인간　대중들의　각기의몸이
땅보다　더욱굳고　무거워져서

제스스로　　　제몸을　　　못일으키니
이것이　　　　무슨인연　　　이옵나이까?

두손에는　　　상서로운　　　구슬쥐었고
가지가지　　　보배내고　　　광명놓으며
시방세계　　　밝게비춰　　　죄를없애니
고통쉬고　　　모든안락　　　얻사옵니다.
도사시여　　　또다시　　　　무슨인연에
대중에게　　　이같음을　　　보여줍니까?

가지가지　　　향기로운　　　화만등으로
제각기　　　　자기몸이　　　장엄된것을
천상인간　　　모든대중　　　못헤아리고
그　까닭　　　그인연을　　　알길없어라.

누가있어　　　장차여기　　　오시려하여

이와같은　신통력을　나투나이까?
부처님이　오실런지　보살이신지
범천인지　마군인지　제석천인지
바라건대　자비하신　대도사시여
대중위해　어서어서　말씀하소서.

저 때에 세존께서 무구생 제석천에게 이르셨다.

"너희들은 마땅히 알지니라. 여기 한 보살마하살이 있으니 이름이 지장(地藏)이니라. 이미 과거 무량무수의 대겁(大劫) 동안을 오탁악세(五濁惡世)의 부처님이 안 계신 세계에서 중생들을 성숙하였느니라. 지금 팔십백천나유타(那庾陀) 빈발라(頻跋羅)보살들과 더불어 함께 여기 와서 예경하고 친근하며 여래를 공양하고자 하며 또한 여기 모인 큰 집회를 보고 환희심이 나는 고로 여러 권속들과 더불어 성문(聲聞)의 형상을 지어 장차 이곳에 이르고자 하여 신통력으로써 이와 같은 변화를 나투었느니라.

이 지장보살마하살은 무량무수의 불가사의한 수승한 공덕으로 장엄하였으니 일체세간과 성문과 벽지불로서는 능히 그 공덕을 짐작하지 못하느니라. 이 대보살은 온갖 미묘한 공덕을 간직하고 있으며, 또한 온갖 해탈의 보배들이 나오는 곳이며 또한 모든 보살들의 맑고 깨끗한 안목이며 열반으로 나아가는 상인들의 도사(導師)이니라. 이 대보살은 여의주와 같아서 온갖 재물과 보배를 쏟아주어 중생들이 구하는 바에 따라 그 모두를 만족시켜 주나니 비유컨대 여러 상인들이 보배를 캐는 물가와 같으며 또한 능히 선근을 키워주는 기름진 밭이며 또한 능히 해탈의 악기(樂器)를 가득히 모은 것이며 또한 오묘한 보배공덕을 내는 좋은 병(瓶)이니라.

착한 일을 행하는 자를 비추기는 밝은 해와 같고, 길 잃은 자를 비추기는 마치 밝은 햇빛과 같으며, 번뇌의 뜨거운 불길을 없애 주기는 마치 청량한 달과 같으며, 다리가 없는 자에게는 몸을 실은 수레와 같고, 먼 길을 떠나는 자에게는 미리 마련된 노자와 같고, 방향을 미혹한 자에게는 어진 길잡이를 만남이 되고, 미친 자에게는 먹으면 즉시 낫는 묘약과 같고, 병든 자에게는 용한 의원의 만남과 같고, 늙어 쇠약한 자에게는 의지할 지팡이와 같고, 피곤한 자에게는 머물러 쉴 자리와 같느니라. 생로병사의 물길을 건너는 자에게는 든든한 다리가 되고, 저 언덕으로 나아가는 자에게는 그에게 배나 뗏목이 되느니라. 이것이 세 가지 선근의 뛰어난 과보니라.

세 가지 선본(善本)이 끌어내는 바 이 공덕은 항상 보시를 행하기는 항상 구르는 수레바퀴와 같고 계를 견고히 갖기는 묘고산(妙高山)과 같으며, 정진을 무너뜨리기 어렵기는 금강보(金剛寶)와 같고 편안한 법에 흔들리지 아니함은 대지(大地)와 같으며, 고요한 생각이 깊고 깊기는 마치 비밀한 창고와 같고 지극한 경지에 이르러 아름답게 장엄하기는 묘한 화만과 같고 지혜가 깊고 넓기는 마치 큰 바다와 같으며 염착(染着)하는 바 없기는 저 허공과 같고 묘한 과보의 가까운 인연은 여러 꽃과 이파리와 같으며, 모든

외도를 조복받기는 사자왕과 같고 모든 천
마를 항복받기는 큰 용상(龍象)과 같고 번뇌
의 도적을 베기는 마치 신령스런 칼과 같으
며, 시끄럽고 잡된 것을 싫어하기는 독각승
(獨覺乘)과 같고 번뇌의 때를 씻기는 청정수
와 같으며, 능히 냄새나고 더러운 것을 없이
하기는 빠른 회오리바람과 같으며, 여러 결
박을 끊기는 날카로운 칼과 같고, 여러 두려
운 곳에서 보호하여 주기는 어버이 같고 또
한 벗과 같으며, 모든 적을 막아주기는 참호
나성과 같으며, 온갖 위험과 고난에서 구해
주기는 부모와 같고, 여러 가지 비겁하고 용
렬한 것을 감싸주기는 마치 우거진 숲과 같
으며, 여름에 먼 길을 가는 이에게는 쉬어갈
큰 나무와 같고 더위에 목마른 자에게는 맑
고 시원한 물이 되며, 굶주려 시장한 자에게

는 온갖 단 과실이 되며, 알몸이 드러난 자에게는 가지가지 의복이 되고, 더위에 시달리는 자에게는 두터운 큰 구름이 되며, 빈궁한 자를 위해서는 여의보(如意寶)가 되고, 두려워 떠는 자에게는 편안히 의지할 바가 되고, 가지가지 곡식을 가꾸는 자에게는 단비가 되며, 흐린 물을 맑히고자 하는 데는 월애주(月愛珠)가 되느니라.

그리하여 모든 중생들로 하여금 선근이 허물어지지 않게 하며, 묘한 경계를 나투어서 저들을 기쁘게 하며, 여러 중생들에게 권하여 부끄러운 마음을 더욱더 나게 하며, 복과 지혜를 구하는 자에게는 장엄이 구족하게 하며, 능히 번뇌를 없이하기는 토사하는 약과 같고, 능히 어지러운 마음을 거두기는 삼매를 바로 이룬 경계와 같으며, 걸림이 없는 변재는 거센 물의 수차[水輪]와 같으며, 일을 거두고 마음을 얽어잡는 것은 아름다운 빛깔을 보는 거와 같으며, 편안한 법에 굳게 머물기는 묘고산과 같으며, 온갖 것을 깊고 넓게 갈무리기는 마치 큰 바다와 같으며, 신족(神足)이 걸림이 없기는 마치 허공과 같으며, 일체 미혹의 장난과 습기(習氣)를 멸해 없애기는 뜨거운 햇살이 엷은 얼음을 녹이는 거와 같으며, 깊은 선정의 형상이 없는 바른 도와 일체지자(一切智者)의 오묘한 보배 갯가에서 항상 노닐면서 능히 공용(功用)이 없는 큰 법의 수레바퀴를 굴리느니라.

선남자여, 이 지장보살마하살은 이와 같은 무량무수 불가사의한 뛰어난 공덕을 갖추었나니 그가 모든 권속들과 더불어 이곳

에 이르고자 하여 먼저 이와 같은 신통의 양
상을 나투었느니라."

세존께서 이와 같이 지장보살의 여러 공
덕을 말씀하시고 나니 그때에 지장보살마하
살이 팔십백천 나유타 빈발라 보살들과 더
불어 신통력으로써 성문의 형상을 나투고
남쪽으로부터 부처님 앞에 이르러서 머물렀
다. 그리고 여러 권속들과 더불어 세존의 두
발에 공경하고 머리 조아려 예배드리며, 바
른쪽으로 세 번 돌고 부처님 앞에 이르러 합
장하고 서서 게송으로써 찬탄하였다.

지혜와복　　구족하신　　도사께서는
자비로써　　모든중생　　감싸주시며
편안하고　　참아견딤　　대지같아야
성질내는　　거친마음　　모두없애고

수승하신   상호를   모두갖추어
시방세계   모든불국   장엄하시며
거룩하고   진실하고   자비하심을
온 세계   구석구석   채워주시네.

중생들의   애착그물   끊어없애고
진실되고   착한법을   얻게하고저
청정하신   불국토를   마다하시고
때묻은   중생들을   제도하시네.

본원으로   중생의땅   섭수하시고
사악한   중생들을   성숙시키며
굳고굳은   바른정진   일으키시어
오랜겁을   온갖고행   닦으셨어라.

오랜겁을   온갖고행   닦으셨음을

들자오니　송구한맘　이길수없네
보시지계　인욕정진　남김이없이
바른선정　바른지혜　닦으셨으며

부처님과　보살들과　성문승들께
온갖공양　한량없이　올리셨으며
굶주리고　목마르고　병들어죽는
모든중생　남김없이　건져주시네.

저 많은　중생들을　건지시고자
다생동안　많은신명　버리셨으며
바른법을　닦으시고　지키시고자
버리신　뼈와피는　그얼마일까?

스스로의　안락은　모두버리고
중생들만　살피시고　어여삐보사

오로지　　중생들만　　위하시고자
힘써닦아　　미혹그물　　끊으셨어라.

번뇌의문　　육근을　　　잘단속하여
길이길이　　모든욕락　　멀리하시고
유위법은　　무상하고　　괴로운거며
공이며　　　무아임을　　관찰하셨네.

중생들의　　고된업이　　더하여감은
탐욕과　　　애착이　　　그원인이라
그러므로　　육근중에　　가장처음에
모든탐욕　　길이길이　　끊으셨어라.

모든세계　　모든국토　　모든중생을
어느때나　　대자비로　　감싸주시며
수승하신　　깨달음　　　이루셨어도

크옵신　　　본래원은　　안놓으시네.

온갖갈래　　온갖중생　　온갖고통에
휘감기어　　고생함을　　보실때마다
지체없이　　대정진을　　일으키시며
용맹하신　　위력으로　　건져주시네.

보시지계　　인욕정진　　힘써닦으며
선정지혜　　육바라밀　　닦게하시어
외아들둔　　어머니가　　자식기르듯
지극하신　　사랑으로　　양육하시네.

본래부터　　모든중생　　구하시고자
언제나　　　대자비에　　머무시옵고
위없는　　　대보리를　　속히이루사
한량없는　　중생들을　　제도하셨네.

본래로　　　닦으신바　　　보리의행이
중생들을　　　위하잖음　　　하나도없어
오늘날에　　　이르러도　　　모든중생에
육바라밀　　　하나도　　　쉬시지않네.

옛날에도　　　머나먼　　　말법중에서
어느때나　　　무상보리　　　구하시더니
이제다시　　　말세중에　　　돌아오시어
무상보리　　　하루속히　　　이루셨어라.

온갖중생　　　나쁜지견　　　조복하시고
사람이나　　　천룡이나　　　야차들까지
미혹을　　　능히끊고　　　금강과같은
성도에　　　편안하게　　　머물게하네.

한량없는　　　중생들이　　　성불할것을

결정코   인정하여   수기주시니
성인중의   으뜸되는   성인되시며
위없는   가장좋은   복전이어라.

거룩할사   우리세존   짝할이없이
널리일체   모든중생   덮어주시네.
거룩하온   그 이름   크게떨치어
시방세계   모든국토   충만하시니

이까닭에   제국토의   모든보살이
스스로의   본분사   성취하고자
크옵신   부처님의   두발아래에
모두함께   모여와서   귀의합니다.

설하신바   묘한법문   듣자옵고는
모두가   한량없는   환희심내고

바른정진　　더욱더욱　　증장하여서
위없는　　　보리행을　　닦으옵니다.

바르옵신　　스승님의　　법력입사와
모두가　　　깨달음을　　이뤘사오니
그러므로　　지금의　　　큰스승님은
미증유의　　큰모임을　　이뤘나이다.

어느때나　　중생들의　　혈육을먹는
십삼조의　　야차귀신　　악한무리가
모두가　　　모든악업　　모두버리고
대보리를　　향하어　　　빨리나가니

어떤자는　　수승한　　　총지를얻고
인욕함과　　선정을　　　이뤘사오며
어떤자는　　모든번뇌　　다끊어져서

세간사람   공양받는   어른됐으며

어떤자는   자비희사   사무량닦고
어떤자는   사섭법에   머물렀으며
어떤자는   사변재를   성취하였고
어떤자는   수순의법   이루었으며

어떤자는   건행정을   성취하였고
어떤자는   묘혜안을   이루었으며
어떤자는   무생인을   이루었으니
이모두가   스승님의   힘이오이다.

거룩하온   우리세존   큰위덕으로
마군들과   원수들을   꺾어없애며
여러가지   외도들을   다항복받고
구십오종   외도들을   조복하셨네.

지옥이나　축생이나　버러지들과
아귀와　　아수라를　다제도하니
마음곧고　성실한　　모든유정이
모두와서　부처님께　귀의하였네.

오늘날　　전쟁과　　온갖질병과
굶주림과　난리겁을　쉬게하시며
바른길을　잃고서　　헤매고있는
앞못보는　모든중생　제도하여서

번뇌에　　휘감겨서　날뛰는저를
모두다　　적멸도에　편안케하니
제가이제　모든인연　모두버리고
세존님　　발아래에　예경합니다.

가없는　　모든불토　빛내옵시는

현재에   거룩하온   제불께서는
입을모아   우리세존   찬탄하시니
그말씀을   듣자온자   모두모였네.

우리세존   지혜바다   한량이없고
진실하온   크신위덕   한이없으며
모든중생   제도하심   듣자옵고서
일심으로   환희하며   예배드리네

일찍부터   무량복을   닦았사옵기
지금세존   발 아래   경배하오니
바랍노니   한량없는   모든겁중에
어느때나   많은공양   닦아지이다.

제가이제   우리세존   가르침받아
이와같은   서원을   바라옵나니

마땅히   죄많은   이국토에서
위 없는   큰보리를   얻어지이다.

　그때에 지장보살마하살이 이와 같은 묘한 게송으로 부처님을 예찬하고 나서 다시 여러 권속들과 더불어 한량없는 하늘의 묘한 향과 꽃과 가지가지 보배 장식을 가지고 부처님 위에 흩으니, 모두가 보배 일산으로 변하여 허공에 떠 있었고, 지장보살은 부처님의 설법을 듣기 위하여 부처님 앞에 엄숙히 앉아 있었다.

　그때에 시방에서 모인 모든 대중들은 지장보살마하살의 이와 같음을 보고나서 모두가 일찍이 없었던 희귀한 공덕을 얻었다. 그리하여 제각기 가지가지의 으뜸가는 묘한 향과 꽃과 보배와 장식과 의복과 당번(幢幡)

과 일산 등을 가지고 지장보살마하살에게 흩으면서 공양하고 모두 다 함께 이와 같이 말하였다.

"저희들은 오늘날 훌륭한 이익을 얻었습니다. 저희들은 부처님의 신력으로 인하여 이제 친히 이와 같은 대보살을 우러러뵈옵고 예경드리며 공양할 수 있습니다."

이때에 대중 가운데에 한 보살마하살이 있었으니 이름은 호의문(好疑問)이라 하였는데 자리에서 일어나 의복을 바로잡고 한 쪽 어깨를 드러내고 부처님 두 발 아래 예배한 다음 오른쪽 무릎을 꿇고 부처님께 합장하고서 말씀드렸다.

"세존이시여, 이 선남자는 어디에서 왔사옵고 그가 사는 불국은 여기에서 얼마나 떨어져 있사오며, 어떠한 선근공덕을 성취하였기에 세존의 가지가지 칭찬을 받사옵니까? 그리고 다시 부처님의 불가사의한 공덕과 법의 바다를 찬탄하옵니까? 세존이시여, 저희들은 옛부터 내려오면서 이와 같음을 일찍이 듣지도 보지도 못하였사옵니다. 바라옵나니 저희들을 위하여 말씀하여 주소서."

부처님께서 말씀하셨다.

"그만두어라. 선남자야, 이 대사의 공덕과 선근은 일체세간의 하늘사람이나 인간들로서는 아무도 그 양(量)의 얕고 깊음을 측량할 수 없느니라. 만약 여래가 너희들에게 이 대사의 공덕과 선근을 자세히 말하는 것을 듣는다면, 일체세간의 천상 사람이나 인간대중들은 모두가 생각이 아득하여지고 혹은 믿지 아니하리라."

그때에 호의문보살이 다시 부처님께 청하였다.

"바라옵건대 세존께서는 저희들을 가엾이 여기시어 말씀하여 주소서."

부처님께서 말씀하셨다.

"다들 자세히 듣고 깊이 명심하여라. 내 그대들을 위하여 소분을 간략히 말하리라.

이 대사는 무량하고 불가사의한 수승한 공덕을 성취하였느니라. 이미 능히 수능가마(首楞伽摩)의 뛰어난 삼매에 머무르면서 능히 여래의 경계에 훌륭하게 깨쳐 들어갔고, 이미 가장 뛰어난 무생법인을 얻었느니라. 그리하여 모든 불법에서 자재함을 얻었으며, 일체 지혜를 이룬 지위를 능히 감당하고 있으며, 이미 일체 지혜의 바다를 건넜으며, 이미 사자분신당(師子奮迅幢) 삼매에 머물렸으며, 능히 일체 지혜의 산 위에 올랐으며, 이미 모든 외도의 삿된 이론을 꺾어 항복받고서 일체 유정들을 성숙시키기 위하여 어느 부처님 국토에나 다 머무느니라.

이 대사는 그가 머무는 여러 부처님의 국토를 따르고 또한 그가 머무는 여러 삼매를 따라서, 한량없는 수승한 공덕을 일으켜 한량없는 중생들을 교화하여 성숙시키느니라. 이 대사는 이와 같이 여러 부처님 국토에 머무름을 따라 만약 능히 지혜를 일으키는 정(定)에 들면, 이 정의 힘으로 말미암아 그 국토의 일체 중생들이 다 함께 모든 삼매의 행하는 바 경계를 보게 되느니라.

또 이와 같은 여러 부처님 국토에 머무름을 따라 만약 가없는 지혜가 구족한 정에 들면 이 정의 힘으로 말미암아 저 국토의 일체 중생들로 하여금 그가 마땅한 바를 따라 능히 한량없고 으뜸가는 묘한 공양구로 모든 부처님을 공경하고 공양하게 되느니라.

또 이와 같이 여러 부처님 국토에 머무름을 따라 만약 청정한 지혜가 구족한 정에 들면 이 정의 힘으로 말미암아 그 국토의 일체 중생으로 하여금 모두가 다 모든 욕심 경계가 한량없는 허물되는 것임을 보게 되어 모두가 마음이 청정함을 얻게 되느니라.

또 이와 같이 여러 부처님 국토에 머무름을 따라 만약 참괴(慚愧)가 구족한 지혜의 정에 들면, 이 정의 힘으로 말미암아 저 국토의 일체 중생으로 하여금 모두가 왕성한 참괴심이 구족함을 얻어, 모든 악법을 여의고 마음 잃음이 없음을 얻게 되느니라.

또 이와 같이 여러 부처님 국토에 머무름

을 따라 만약 모든 교법에 구족히 밝은 정에
들면 이 정의 힘으로 말미암아 저 국토에 사
는 일체 유정들로 하여금 모두가 선교(善巧)
한 천안지통(天眼智通)과 숙주지통(宿住智通)
과 생사지통(生死智通)을 얻어 이 세상과 저
세상의 인과를 요달하느니라.

또 이와 같이 여러 부처님 국토에 머무름
을 따라 만약 근심없는 신통의 밝은 정에 들
면 이 정의 힘으로 말미암아 저 국토의 일체
유정들로 하여금 모두 일체 근심 걱정과 마
음의 어둠을 여의게 되느니라.

또 이와 같이 여러 부처님 국토에 머무름
을 따라 만약 훌륭한 신통이 구족한 밝은 정
에 들면 이 정의 힘으로 말미암아 저 국토의
일체 유정들로 하여금 모두 선교한 신통을
갖추게 되느니라.

또 이와 같이 여러 부처님 국토에 머무름을 따라 만약 모든 세간을 널리 비추는 정에 들면 이 정의 힘으로 말미암아 시방세계가 모든 어둠을 여의게 되어 저 국토의 일체 유정들로 하여금 널리 시방 모든 부처님의 국토를 보게 하느니라.

또 이와 같이 여러 부처님 국토에 머무름을 따라 만약 모든 부처님의 등불과 횃불이 밝은 정에 들면, 이 정의 힘으로 말미암아 저 국토의 일체 유정들로 하여금 삿된 귀의를 버리고 바른 삼보에 귀의하게 되느니라.

또 이와 같이 여러 부처님 국토의 머무름을 따라 만약 금강광(金剛光)의 정에 들면 이 정의 힘으로 말미암아 저 국토에 있는 모든 소륜위산(小輪圍山)·대륜위산(大輪圍山)·소미로산(蘇迷盧山)과 그밖에 모든 산과 골

짜기·개울·고랑·언덕과 기왓장·돌자갈·독이 있는 가시나 그 밖에 더러운 초목들이 나타나지 아니하며, 또한 저 국토에 있는 일체 삿된 무리들과 고독(蠱毒)과 여러 독한 벌레·사나운 짐승과 재앙과 염병과 어두움과 티끌과, 부정하고 냄새나는 것들이 모두가 소멸하여 저 국토가 땅이 평평하기가 손바닥같이 되어, 가지가지의 상서가 저절로 나타나 청정하고 수승한 여러 가지 형상으로 장엄하게 되느니라.

또 이와 같이 여러 부처님 국토의 머무름을 따라 만약 지혜의 힘이 꺾이고 조복하기 어려운 정에 들면, 이 정의 힘으로 말미암아 저 국토에 있는 일체 마왕과 그의 권속들이 모두 다 놀라 떨고 삼보에 귀의하느니라.

또 이와 같이 여러 부처님 국토에 머무름

을 따라 만약 전광명정(電光明定)에 들면, 이 정의 힘으로 말미암아 저 국토의 일체 유정들이 모두 다 후세의 공포를 멀리 여의어, 법을 얻어 편안하게 되느니라. 또 이와 같이 여러 부처님 국토의 머무름을 따라 만약 가장 뛰어난 묘한 맛이 구족한 정에 들면, 이 정의 힘으로 말미암아 저 국토의 일체 유정들이 생각을 따라 모두가 음식이 충족하게 되느니라.

또 이와 같이 여러 부처님 국토에 머무름을 따라 만약 수승한 정기(精氣)가 구족한 정에 들면, 이 정의 힘으로 말미암아 저 국토의 일체 유정들이 세력이 왕성하여져서 모든 병고를 여의느니라.

또 이와 같이 여러 부처님 국토의 머무름을 따라 만약 으뜸가는 묘한 온갖 자구(資

具)의 정에 들면, 이 정의 힘으로 말미암아 저 국토의 일체 유정들이 바라는 대로 모두가 자리나 침구·의복·보배장식 등 온갖 필요한 물건을 얻어 부족한 바가 없게 되고, 그것들은 모두가 뛰어나게 묘하고 단정하여 매우 즐길 수 있게 되느니라.

또 이와 같이 여러 부처님 국토에 머무름을 따라 만약 다툼이 없는 지혜의 정에 들면 이 정의 힘으로 말미암아 저 국토의 일체 유정들이 신심이 용맹하고 건장하여 일체의 원수나 미워하는 결박에서 멀리 떠나 화해롭고 유순하여 모든 즐거움을 즐기게 되고 보시·지계·안인·용맹정진 등을 모두 갖추어, 마음의 어지러움이 없어 지혜를 성취하느니라.

또 이와 같이 여러 부처님 국토에 머무름

을 따라 만약 능히 수승한 기쁨을 끌어오는 정에 들면, 이 정의 힘으로 말미암아 저 국토의 일체 유정들이 모두 무량하고 수승한 묘한 환희를 받게 되느니라. 또 이와 같이 여러 부처님 국토에 머무름을 따라 만약 세상길의 광명이 구족한 정에 들면, 이 정의 힘으로 말미암아 저 국토의 일체 유정들이 걸림이 없는 지혜를 얻어, 능히 가지가지 청정한 사업을 닦게 하느니라.

또 이와 같은 여러 부처님 국토에 머무름을 따라 만약 수승한 금강에 잘 머무는 정에 들면, 이 정의 힘으로 말미암아 저 국토의 일체 유정들이 모두 육근(六根)이 구족하여 결함이 없고 항상 세속을 멀리 여읠 것을 좋아하여, 그 마음이 고요함을 얻느니라.

또 이와 같이 여러 부처님 국토에 머무름

을 따라 만약 관(觀)을 증장시키는 수승한 깃발의 정에 들면 이 정의 힘으로 말미암아 저 국토에 일체 유정들이 모두 스스로의 악한 과거 허물을 깊이 꾸짖고 싫어하여, 모두 십선도(十善道)를 잘 보호하고 지켜 천상의 요긴한 길에 태어나게 되느니라.

또 이와 같이 여러 부처님 국토에 머무름을 따라 만약 자비가 구족한 소리의 정에 들면 이 정의 힘으로 말미암아 저 국토의 일체 유정들이 모두가 인자한 마음, 가엾이 여기는 마음, 원한이 없는 마음, 두루 평등한 마음과 서로 이롭고 안락하게 하는 마음을 일으키게 되느니라.

또 이와 같이 여러 부처님 국토에 머무름을 따라 만약 모든 복덕을 끌어 모으는 정에 들면, 이 정의 힘으로 말미암아 저 국토의

일체 유정들이 모든 다툼과 질병과 굶주림
과 때 아닌 비바람을 여의고 쓰고 떫고 맵고
신 것과 온갖 나쁜 빛깔과 감촉이 모두 소멸
되느니라.

　이와 같이 대사는, 이와 같은 여러 부처님
의 국토에 머무름을 말미암아 만약 바다 번
개광명의 정에 들면, 이 정의 힘으로 말미암
아 저 국토의 일체 땅에 온갖 보배가 모여
이루어지고 모든 허물과 근심을 모두 멀리
여의며, 가지가지 보배나무와 옷나무·그릇
나무와 온갖 영락(瓔珞)나무·꽃나무·과일
나무·온갖 음악나무와 무량한 악기(樂器)
등으로 두루 장엄하게 하느니라.

　요약하여 말한다면 이 선남자는 날마다
새벽이면 모든 유정들을 성숙시키기 위하여
항하의 모래수와 같은 여러 정(定)에 들고,

58

이 정에서 일어나서는 두루 시방의 여러 부처님 국토에서 일체 교화받을 유정들을 성숙시켜 그에 마땅한 바에 따라 그를 이롭고 안락하게 하느니라.

이 선남자는 이미 무량무수한 대겁(大劫) 동안에 오탁(五濁)으로 악한 때 부처님이 안계신 세계에서 유정들을 성숙시켰으며, 또한 미래에도 이 수보다 더 많은 유정을 성숙시킬 것이니라. 혹 세계에 도병겁(刀兵劫)이 일어나 유정들을 해치게 되면 이 선남자는 그것을 보고서 새벽에 모든 정의 힘으로써 도병겁을 없애어 모든 유정으로 하여금 서로 사랑하여 가엾이 여기게 하느니라.

혹은 어떤 세계에 역병겁(疫病劫)이 일어나 모든 유정들을 해치게 되면, 그것을 보고 새벽에 여러 정의 힘으로써 역병겁을 없애

어 저 여러 유정들로 하여금 모두 안락하게
하느니라.

혹 어떤 세계에 기근겁(飢饉劫)이 일어나
모든 유정을 해치게 되면, 이 선남자는 그것
을 보고서 새벽에 여러 정의 힘으로써 기근
겁을 없애어 모든 유정으로 하여금 모두 배
부르게 하나니, 이 선남자는 여러 정의 힘으
로써 이와 같은 한량없고 가이없는 불가사
의한 여러 유정들을 이익하게 하고 안락하
게 하느니라.

이 선남자는 헤아릴 수 없고 셀 수 없고
불가사의한 수승한 공덕을 성취하여 항상
힘써 정진하여 일체 유정을 이롭게 하고 안
락하게 하나니, 일찍이 과거 헤아릴 수 없고
셀 수 없는 항하의 모래수와 같은 부처님 처
소에서 모든 유정들을 성숙시키고 이익되게

하고 안락하게 하고자, 대비심(大悲心)이 견고하여 허물기 어려운 용맹정진으로 다함 없는 서원을 발하였나니, 이 대비심이 견고하여 허물기 어려운 용맹정진으로 다함 없는 그 세력이 더욱 증장함으로 말미암아 하루 낮 하루 밤, 혹은 한식경 사이에 능히 헤아릴 수 없는 백천구지나유타(百千俱胝那庾陀) 수의 여러 유정들을 모두 여러 가지 근심과 고통에서 해탈시켜주며, 또한 법다운 온갖 구하는 바를 원대로 만족시켜 주느니라.

어떤 곳이든 그가 있는 곳에서 혹 여러 유정들이 가지가지 욕구와 근심과 고통이 절박하더라도 지극한 마음으로 지장보살마하살의 명호를 부르고 생각하며 귀의하고 공경하고 공양한다면, 법다이 구하는 바 모든 것을 얻어 모든 근심과 고통에서 벗어나며, 보살은 그에 마땅한 바에 따라 그들을 천상에 나게 하거나 열반으로 이르는 길에 데려다 주느니라.

또 어떤 곳이든 그가 있는 곳에서 만약 여러 유정들이 굶주림이 핍박하더라도 지극한 마음으로 지장보살마하살의 명호를 부르고 생각하고 외우며, 귀의하고 공경하고 공양한다면, 일체에 법다이 구하는 바 음식이 충족하게 되며, 보살은 그에 마땅함을 따라 그들을 천상에 나게 하거나 열반으로 이르는 길에 데려다 주느니라.

또 어떤 곳이든 그가 있는 곳에서, 만약 모든 유정들이 가지가지 의복과 보배장식과 의약과 침상과 방석과 그밖의 생활에 필요한 자구가 모자라더라도, 지극한 마음으로 지장보살마하살의 명호를 부르고 생각하며 귀의하고 공경하며 공양하면 법다이 구하는 바 의복·보배장식·의약·침상·방석과 그밖의 온갖 생활 도구를 다 갖추게 되며, 보살은 그에 마땅한 바를 따라 그들을 천상에 나게 하거나 열반으로 이르는 길에 데려다 주느니라.

또 어떤 곳이든 그가 있는 곳에서, 만약 여러 유정들이 사랑하는 이와 이별하고 미워하는 이와 만나게 되더라도 능히 지극한 마음으로 지장보살마하살의 명호를 부르고 생각하고 외우며 귀의하고 공양하면, 그들은 모두 사랑하는 이와 만나게 되고 미워하는 이와 헤어지게 되며, 보살은 그에 마땅한 바에 따라 그들을 천상에 나게 하거나 열반으로 이르는 길에 데려다 주느니라.

또 어떤 곳이든 그가 있는 곳에서 만약 여러 유정들이 몸과 마음에 근심과 고통이 있고 또한 온갖 병고에 시달릴 때 능히 지극한 마음으로 지장보살마하살의 명호를 부르고 생각하며 외우고 귀의하며 공경하고 공양하면 모두가 신심이 안락하고 온갖 병이 없어지며, 보살은 그에 마땅한 바에 따라 그들을 천상에 나게 하거나 열반으로 이르는 길에 데려다 주느니라.

또 어느 곳이든 그가 있는 곳에서 만약 여러 유정들이 뜻이 서로 맞지 않아 여러 가지로 다투게 되더라도, 능히 지극한 마음으로 지장보살마하살의 명호를 부르고 생각하며 외우고, 귀의하며 공경하고 공양하면 모두 해독심을 버리고 서로 화목하여 기쁜 마음으로 참아 견디며, 날이 갈수록 부끄러워하고 뉘우쳐 사랑하는 마음으로 서로 향하게 되며, 보살은 그에 마땅한 바에 따라 그들을 천상에 나게 하거나 열반에 이르는 길에 데려다 주느니라.

또 어떤 곳이든 그가 있는 곳에서 만약 여러 유정들이 감옥에 갇혀 있게 되고 칼을 쓰고 사슬에 묶이어 온갖 고통을 받더라도, 능히 지극한 마음으로 지장보살마하살의 명호를 부르고 생각하며 외우고 귀의하며 공경하고 공양하면, 모두 감옥에서 칼을 쓰고 쇠사슬로 묶임에서 해탈하여 자재하고 환희하게 되며, 보살은 그에 마땅한 바에 따라 그들을 천상에 나게 하거나 열반으로 이르는 길에 데려다 주느니라.

또 어떤 곳이든 그가 있는 곳에서, 만약 여러 유정들이 감옥에 갇히어 모진 고문을

당하다가 마침내 해침을 당하게 되었더라
도, 능히 지극한 마음으로 지장보살마하살
의 명호를 부르고 생각하며 외우고 귀의하
며 공경하고 공양하면, 모든 감옥과 고문과
해침을 당하는 것을 면하게 되며 보살은 그
에 마땅한 바에 따라 그들을 천상에 나게 하
거나 열반으로 이르는 길에 데려다 주느니
라.

또 어떤 곳이든 그가 있는 곳에서, 만약
여러 유정들이 심신이 피로하고 기력이 쇠
약하여졌더라도 능히 지극한 마음으로 지장
보살마하살의 명호를 부르고 생각하며 외우
고 귀의하며, 공경하고 공양하면, 그들은 다
심신이 유쾌하고 기력이 강성하게 되며, 보
살은 그에 마땅한 바에 따라 그들을 천상에
나게 하거나 열반으로 이르는 길에 데려다

주느니라.

또 어떤 곳이든 그가 있는 곳에서, 만약 모든 유정들이 육근(六根)이 갖추어지지 않고 혹은 손상을 입었을 때, 능히 지극한 마음으로 지장보살마하살의 명호를 부르고 생각하며 외우고 귀의하며 공경하고 공양하면, 그들은 모두 육근이 완전해져 손상됨이 없게 되며, 보살은 그에 마땅한 바를 따라 그들을 천상에 나게 하거나 열반으로 이르는 길에 데려다 주느니라.

또 어떤 곳이든 그가 있는 곳에서 만약 어떤 유정들이 미쳤거나 마음이 어지럽거나 귀신에 지폈더라도 능히 지극한 마음으로 지장보살마하살의 명호를 부르고 생각하며 외우고 귀의하며 공경하고 공양하면, 저들은 모두 마음에 미치거나 어지러움이 없고 온갖 괴로움을 여의며, 보살은 그에 마땅한 바를 따라 그들을 천상에 나게 하거나 열반으로 이르는 길에 데려다 주느니라.

또 어떤 곳이든 그가 있는 곳에서 만약 어떤 유정이 탐욕과 성냄과 어리석음과 분한 마음과 원한과 간탐과 질투와 교만과 나쁜 소견과 수면과 방일과 의심 등이 치성하여, 그의 심신이 어지럽고 괴로워 항상 안락하지 않더라도 능히 지극한 마음으로 지장보살마하살의 명호를 부르고 생각하며 외우고 귀의하며 공경하고 공양하면, 이들 모두가 탐욕 등 여러 가지 나쁜 것들을 모두 여의어 심신이 안락하게 되며, 보살은 그에 마땅한 바를 따라 그들을 천상에 나게 하거나 열반으로 이르는 길에 데려다 주느니라.

또 어떤 곳이든 그가 있는 곳에서, 만약

어떤 유정이 불에 타게 되거나 물에 빠지게 되거나 바람에 불리고 혹은 산이나 바위나 벼랑이나 언덕이나 나무나 집에서 굴러 떨어져 정신 차릴 수 없게 되더라도, 능히 지극한 마음으로 지장보살마하살의 명호를 부르고 생각하며 외우고 귀의하며 공경하고 공양하면 이들 모든 위험과 어려움을 여의게 되고 안온하여 손해를 입지 않으며, 보살은 그에 마땅한 바를 따라 그들을 천상에 나게 하거나 열반으로 이르는 길에 데려다 주느니라.

또 어떤 곳이든 그가 있는 곳에서, 만약 어떤 유정들이 여러 독사나 독충에게 물리고 혹은 가지가지 독약에 중독되었더라도, 능히 지극한 마음으로 지장보살마하살의 명호를 부르며 생각하고 외우며 귀의하고 공경하며 공양하면 이들 모든 괴로움과 해로움을 여의게 되며, 보살은 그에 마땅한 바를 따라 그들을 천상에 나게 하거나 열반으로 이르는 길에 데려다 주느니라.

또 어떤 곳이든 그가 있는 곳에서 만약 유정이 악한 귀신에 지펴 학질을 앓되, 혹은 날마다 앓고 혹은 하루 걸러 앓으며 혹은 삼, 사일에 한 번 앓고 혹은 미치광이가 되어 심신을 떨며 정신을 잃어 아무 것도 아는 것이 없게 되었더라도 만약 능히 지극한 마음으로 지장보살마하살의 명호를 부르고 생각하며 외우고 귀의하며 공경하고 공양하면, 이 모든 병에서 벗어나 두려움이 없고 심신이 편안해지며, 보살은 그에 마땅한 바를 따라 그들을 천상에 나게 하거나 열반으로 이르는 길에 데려다 주느니라.

또 어떤 곳이든 그가 있는 곳에서, 만일 어떤 유정이 저 여러 야차(夜叉)·나찰(羅刹)·아귀(餓鬼)·필사차귀(畢舍遮鬼)·포달나귀(布怛那鬼)·구반다귀(鳩畔茶鬼)·갈타달포나귀(羯吒怛布那鬼)·흡정기귀(吸精氣鬼)와 호랑이·늑대·사자 등 사나운 짐승과 버러지의 독과 해치고자 하는 기도와 온갖 나쁜 주술(呪術)과 원수와 전쟁과 그밖의 온갖 두려운 일에 둘러싸여 그 마음이 당황하고 목숨을 잃을까 겁에 질리며, 죽는 것을 싫어하고 살기를 탐하며 괴로움을 싫어하고 즐거움을 구할 때, 만약 능히 지극한 마음으로 지장보살마하살의 명호를 부르며 생각하고 외우며 귀의하고 공경하며 공양하면 이들 모든 두려움에서 벗어나게 되어 목숨을 보존하며, 보살은 그에 마땅한 바를 따라서 그들을 천

상에 나게 하거나 열반으로 이르는 길에 데
려다 주느니라.

또 어떤 곳이든 그가 있는 곳에서 만약 모
든 유정들이 혹은 총명하게 되고자 하고, 혹
은 깨끗한 믿음이 되고자 하고, 혹은 깨끗한
계율을 갖고자 하고, 혹은 선정을 이루고자
하고, 혹은 신통을 얻고자 하고, 혹은 반야
·혹은 해탈·혹은 묘한 형상·혹은 묘한 소
리·혹은 묘한 향·혹은 묘한 맛·혹은 묘한
촉감을 위하고, 혹은 이익·혹은 명예·혹은
공덕·혹은 기술을 위하고, 혹은 꽃과 과일·
혹은 나무와 숲·혹은 평상·혹은 방석 등을
위하고, 혹은 도로·혹은 재물과 곡식·혹은
의약·혹은 집·혹은 하인·혹은 채색·혹은
단비〔甘雨〕·혹은 물·혹은 농사를 위하고,
혹은 부채·혹은 시원한 바람을 위하고, 혹

은 불·혹은 수레·혹은 아들·딸을 구하고, 혹은 방편을 구하고, 혹은 복을 닦기도 구하며, 혹은 따뜻함·혹은 시원함·혹은 기억· 혹은 가지가지 세간이나 출세간의 온갖 이롭고 즐거운 일들을 위하여 이들을 쫓고 구할 때 생기는 여러 가지 근심과 고통이 절박하더라도 만약 능히 지극한 마음으로 지장보살마하살의 명호를 부르고 생각하며 외우고 귀의하며 공경하고 공양하면, 이 선남자의 공덕과 묘한 정(定)의 위신력 때문에 저 모든 근심과 고통을 여의고 소원을 만족하게 이루며, 보살은 그에 마땅한 바를 따라 저들을 천상에 나게 하거나 열반으로 이르는 길에 데려다 주느니라.

또 어떤 곳이든 그가 있는 곳에서, 만약 어떤 유정들이 거치른 밭이나 혹은 기름진 밭에 씨를 뿌려, 혹은 부지런히 가꾸고 혹은 그러하지 못하였더라도, 만약 능히 지극한 마음으로 지장보살마하살의 명호를 부르고 생각하며 외우고 귀의하며 공경하고 공양한다면, 이 선남자의 공덕과 묘한 정의 위신력으로 저 모든 과실들을 풍성하게 여물게 하느니라.

왜냐하면 이 선남자는 일찍이 과거 무량 무수의 대겁을 지내면서 수를 헤아릴 수 없는 부처님 앞에 대정진과 견고한 서원을 세웠으므로 이 원력으로 말미암아 모든 유정을 성숙시키기 위하여 항상 일체 대지를 맡아 가지며 항상 일체 종자를 맡아 가지고서 항상 널리 유정들이 그것을 뜻대로 수용하게 하였기 때문이니라.

이 선남자의 위신력 때문에 이 대지에 있

는 모든 초목의 뿌리와 넝쿨과 싹과 줄기와 이파리와 꽃과 과실이 모두 잘 자라서, 약과 곡식의 모종과 이삭과 꽃과 열매가 무성하고 잘 익어 윤택하고 향기로우며 깨끗하고, 또한 연하고 아름답게 되게 하느니라.

또 어떤 곳이든 그가 있는 곳에서 만약 모든 유정들이 탐욕과 성냄과 어리석음이 치성하기 때문에 살생·도적질·사행(邪行)·거짓말·추악한 말·이간질하는 말·잡된 말과, 또는 탐욕과 성냄과 삿된 소견 등 열 가지 악업을 짓더라도 만약 능히 지극한 마음으로 지장보살마하살의 명호를 부르고 생각하며 외우고 귀의하며 공경하고 공양하면, 저들의 모든 번뇌는 다 소멸하여 십악(十惡)을 멀리 여의고 십선(十善)을 성취하여 모든 중생에게 자비심과 저들을 이롭게 하는 마음이 나느니라.

이 선남자는 이와 같은 공덕과 묘한 정의 위신력과 용맹정진을 성취하여, 한 식경(食頃)에 능히 무량무수한 부처님 국토에 이르고 그 낱낱의 국토에서도 또한 한 식경에 능히 무량무수한 항하의 모래수 같은 유정들을 교화하고 제도하여 온갖 고통을 여의게 하여 저들을 모두 안락하게 하며 보살은 그가 마땅한 바를 따라서 천상에 나게 하거나 열반에 이르는 길에 데려다 주느니라.

이 선남자는 내가 설한 바 이와 같은 불가사의한 모든 공덕의 법과 견고한 서원과 용맹정진을 성취하여, 모든 유정들을 성숙시키고자 하여 시방세계에서 혹은 대범왕신(大梵王神)을 나투어 모든 중생들을 위하여 그 근기에 알맞게 설법하느니

라. 혹은 대자재천(大自在天)에 몸을 나투고, 혹은 욕계(欲界)의 타화자재천(他化自在天)에 몸을 나투며, 혹은 낙변화천(樂變化天)에 몸을 나투고, 혹은 도사다천(睹史多天)에 몸을 나투며, 혹은 야마천(夜摩天)에 몸을 나투고, 혹은 제석천(帝釋天)에 몸을 나투며, 혹은 사대왕천(四大王天)에 몸을 나투고, 혹은 부처님 몸·혹은 보살의 몸·혹은 독각(獨覺)의 몸·혹은 성문의 몸·혹은 전륜왕(轉輪王)의 몸을 나투며, 혹은 찰제리(刹帝利)의 몸·혹은 바라문의 몸·혹은 벌사(筏舍)의 몸·혹은 수달라(戍達羅)의 몸을 나투며 혹은 장부의 몸·부녀의 몸·동남의 몸·동녀의 몸·건달바(健達縛)의 몸·아수라(阿修羅)의 몸·긴나라(緊捺洛)의 몸·마호락가(莫呼洛伽)의 몸·용의

몸·야차의 몸·나찰의 몸·구반다의 몸·필사차(畢舍遮)의 몸·아귀(餓鬼)의 몸·포달라(布怛那)의 몸·갈타포달라(羯吒布怛那)의 몸·월사하락귀(粵闍訶洛鬼)의 몸을 나투며 혹은 사자의 몸·혹은 향상(香象)의 몸·혹은 말의 몸·혹은 소의 몸·혹은 가지가지 금수(禽獸)의 몸을 나투며, 혹은 염마왕(剡魔王)의 몸·혹은 지옥졸(地獄卒)의 몸·혹은 지옥에 있는 모든 유정들의 몸 등 이와 같은 무량무수한 다른 종류의 몸을 나투어 저 모든 유정들을 위하여 그들의 근기에 맞춰 법을 설하고, 그에 마땅한 바를 따라서 삼승(三乘)의 물러나지 않는 자리에 데려다 주느니라.

선남자여, 이 대사는 이와 같은 불가사의한 모든 공덕의 법을 성취하였으니 그는 온갖 수승한 공덕을 간직한 창고이며, 모든 해탈의 진귀한 보배가 나는 곳이며, 모든 보살들의 밝고 깨끗한 안목이며, 열반으로 나아가는 상인(商人)의 우두머리이며, 이와 같이 하여 내지 능히 공용(功用) 없이 대법륜(大法輪)을 굴리는 자임은 앞서 자세히 말한 바와 같느니라.

선남자여, 가사 어떤 사람이 저 미륵보살(彌勒菩薩)과 묘길상보살(妙吉祥菩薩)과 관자재보살(觀自在菩薩)과 보현보살(普賢菩薩)을 상수로 하는 항하의 모래수의 여러 대보살마하살의 처소에서 백 겁 동안 지극한 마음으로 귀의하고, 명호를 부르며 생각하고 외우며 예배하고 공양하면서 모든 원하는 바를 구하느니보다, 한 식경 동안 지극한 마음으로 지장보살의 명호를 부르고, 생각하며 외우고 예배 공양하여 모든 원하는 바에 속히 만족함을 얻느니만 같지 못하느니라. 왜냐하면 지장보살이 일체 유정들을 이익하게 하고 안락하게 하여 모든 유정들이 원하는 바를 만족하게 하는 것은 마치 여의보(如意寶)와 같고 또한 숨겨진 보배창고와 같기 때문이니라.

이와 같이 이 대사는 모든 유정들을 성숙시키기 위하여 견고한 큰 원과 대비(大悲)와 용맹정진(勇猛精進)을 오랫동안 닦음이 모든 보살들을 지내나니, 이 까닭에 너희들은 마땅히 이 대사를 공양할지니라."

그때에 시방세계에서 모여온 대중인 일체 보살마하살과 모든 성문과 천상 사람과 인간과 야차·건달바 등이 모두 자리에서 일어났다. 그리고서 제각기의 힘을 따라 지은 바 가지가지의 금은의 가루와 온갖 훌륭한 꽃과 향을 가지고 와서 지장보살마하살에게 흩으며, 또한 가지가지의 으뜸가는 묘한 의복과 마니보주(摩尼寶珠)·진주화만(眞珠花鬘)·진주영락(眞珠瓔珞)과 금은 보배의 실과 당번(幢幡)과 일산(日傘) 등을 가져 지장보살마하살에게 바쳤다. 그리고 또 한량없는 으뜸가는 묘한 음악과 가지가지의 찬송으로 지장보살을 공경하고 공양하였다.

그때에 지장보살마하살이 이 여러 가지 으뜸가는 묘한 공양구를 가져 세존께 돌려 바치고 게송을 설하였다.

인천이나　용신들이　공양하오며

시방세계　　모든보살　　모두받들며
세간을　　　구하시는　　대공덕이여
바라건대　　저의공양　　받아주소서.

　그때에 지장보살마하살이 이 게송을 설
하고 부처님 발에 머리 조아려 예배하니,
이에 세존께서는 다시 게송을 설하셨다.

견고한　　　지혜와　　　청정심내어
중생들의　　무량고를　　없애어주며
묘락을　　　베풀기는　　보배손같이
미혹그물　　끊기는　　　금강같으며
대비지혜　　일으켜　　　정진갖추고
묘한공양　　모두갖춰　　공양하나니
바다같은　　큰지혜로　　중생구하고
고통속에　　빠진중생　　모두건지리.

그때에 지장보살마하살이 곧 자리에서 일어나 부처님께 말씀드렸다.

"대덕(大德)이옵신 세존이시여, 저는 이 사주(四洲)에 있는 세존의 제자인 일체 비구와 비구니와 우바새와 우바이들을 제도하여, 저들이 모두 부처님을 잊지 않는 생각을 증장시키겠사오며, 부처님을 잊지 않는 생각을 수호함을 증장시키겠사오며, 수명을 증장시키고 신체를 증장시키며, 건강을 증장시키고 기력(氣力)을 증장시키며, 명예를 증장시키고 자구(資具)와 친우와 제자와 깨끗한 계를 증장시키며, 총명과 죄스러운 버림〔捨〕과, 묘한 정과 인욕과 방편과 성스러운 가르침에 이르는 수행의 광명을 증장시키며, 대승의 바른 길로 나아감을 증장시키고, 법이 밝음과 유

정을 성숙시킴과 대자대비와 일체 청정법
을 증장시키겠사오며, 묘한 이름이 삼계
에 두루 넘침을 증장시키고 법의 비가 삼
계에 널리 윤택함을 증장시키며, 일체 대
지의 정기와 자미(滋味)를 증장시키고 일
체 중생의 정기를 증장시켜 그의 사업을
잘 짓게 하며, 정법 정기와 착한 행을 증
장시키며, 지혜의 광명과 육바라밀의 묘
행(妙行)과 오안(五眼)과 관정(灌頂)을 증
장시키며 천상에 나거나 열반에 이르게
함을 증장하오리니 그것은 이른바 구족수
화길상광명대기명주총지장구(具足水火吉祥
光明大記明呪總持章句)이옵니다.

 저는 과거 항하의 모래수 부처님 회상
에서 이 다라니를 친히 이어받아 지녀서,
능히 일체 청정법을 증장시켰사오며, 모

든 종자와 뿌리·넝쿨·싹·줄기·가지·잎·
꽃·열매와 약·곡식·정기와 자미를 증장
시켰사오며, 비의 혜택을 증장시키며, 유
익한 지수화풍(地水火風)을 증장시키고 기
쁨과 즐거움을 증장시키며, 재물과 보배
를 증장시키고 수승한 힘을 증장시키며,
일체 생활에 필요한 온갖 자구를 증장시
켰사옵니다. 이 다라니는 능히 일체 지혜
를 용맹하고 날카롭게 하여 번뇌의 도적
을 쳐부수옵니다"하고 곧 진언을 설하였
다.

"츰부츰부 츰츰부 아가서츰부 바 결랍
츰부 암벌람츰부 비러츰부 발절랍츰부 아
루가츰부 답뭐츰부 살담뭐츰부 살더일허
뭐츰부 비바루가찰붜츰부 우붜섬뭐츰부

내여나츰부 뷀랄여삼므지랄나츰부 찰나츰
부 비실바리여츰부 서살더랄바츰부 비여
자수재맘히리 담미 섬미 잡결랍시 잡결랍
믜스리 치리 시리 결랍붜뷜러 발랄지 히
리 벌랄비 뷀랄저러니달리 헐랄달니 붜러
져져져져 히리 미리 이결타 탑기 탑규루
탈리 탈리 미리 뭐대 더대 구리 미리 앙
규지더비 얼리 기리 뷔러 기리 규차섬믜
리 징기 둔기 둔규리 후루 후루 후루 규
루술두미리 미리기 미리대 뷘자더 허리
히리 후루 후루루.

    좋은말씀　　모든중생　　번뇌맑히고
    좋은말씀　　싸움의집　　능히맑히며
    좋은말씀　　악한뜻을　　능히맑히고
    좋은말씀　　흐린사대　　능히맑히며

좋은말씀　　악한맛을　　능히맑히고
좋은말씀　　악한기운　　능히맑히며
좋은말씀　　온갖희망　　능히채우고
좋은말씀　　모든농사　　이루게하며
좋은말씀　　일체의　　　부처님들과
우리세존　　가호를　　　받게해주며
좋은말씀　　또한능히　　시방삼세에
보살들을　　가호하고　　기쁘게하네.

세존이시여, 이와 같이 구족수화길상광명대기명주총지장구는 제가 과거 항하의 모래수의 부처님 회상에서 친히 받아 수지한 바입니다. 이 다라니는 능히 일체 청정법을 증장시키온대 자세히 말하자면 일체의 수용하는 자구를 모두 증장시키옵니다.

대덕이옵신 세존이시여, 이 다라니는
이 사주의 세존의 제자인 모든 비구·비구
니·우바새·우바이를 제도하여 그들로 하
여금 모두가 부처님을 기억하는 생각을
증장시키오며, 자세히 말하오면 일체의
수용하는 자구를 모두 증장시키옵니다.
또 이 다라니는 세존의 감로(甘露)의 성스
러운 가르침을 능히 왕성하게 하고 오래
머물게 하여, 삼계중생들을 이익되고 안
락하게 하옵니다."

지장보살마하살이 이와 같은 대기명주
총지장구를 연설하시니, 그때에 거라제야
산이 모두 진동하고 수많은 하늘의 악기
가 울리지 않아도 스스로 울며 무량한 온
갖 천상의 묘한 향과 꽃과 진귀한 보배들
이 술술 비내리니, 일체 대중은 모두 다

크게 놀랐으며 또한 일찍이 없었던 희귀한 일을 보았다.

그때에 대중 가운데에 대길상천녀(大吉祥天女)·구대길상천녀(具大吉祥天女)·대지묘음천녀(大地妙音天女)·대견고천녀(大堅固天女)·구대수천녀(具大水天女)·방대광천녀(放大光天女) 등을 상수로 하는 일만 팔천의 천녀들이 있어서, 모두가 사대(四大)에 있어서 자재함을 얻고 자리에서 일어나 부처님 발에 머리 조아려 절하고 합장 공경하면서 부처님께 말씀드렸다.

"희유하오이다. 대덕이시여, 심히 기이하오이다, 세존이시여. 저희들은 비록 사대를 자재하게 굴릴 수 있사오나, 이 사대의 처음과 중간과 뒤의 모양과 나고 멸하며 또한 서로 순하고 어긋나는 것을 능히 알지 못하옵니다. 그러나 이 대사는 이미 미세하고 심히 깊은 반야바라밀다를 얻어서, 능히 이 사대의 처음과 중간과 뒤의 모양과, 나고 멸하고 서로 순하고 어긋나는 것을 잘 아시옵니다."

부처님께서 말씀하셨다.

"그러하니라. 천녀여, 이 선남자는 이미 미세하고 심히 깊은 반야바라밀다를 얻어서 이 사대의 처음과 중간과 뒤의 모양과, 나고 멸하며 순하고 어긋남을 능히 잘 아느니라. 천녀여, 마땅히 알라. 여의주가 온갖 덕을 모두 갖추고 능히 가지가지의 으뜸가는 묘한 보배를 비내려 모든 중생에게 베푸는 거와 같이, 이 선남자도 또한 그와 같아서 능히 깨달음에 이르는 온갖 진귀한 보배를 비내려 중생에게 베푸느니라. 저 보배섬이 온갖 진귀한 보배를 그 가운데 가득 채우고 있는 거와 같이 이 선남자도 또한 그와 같아야 가지가지 깨달음에 이르는 진귀한 보배를 성취하였느니라.

또 하늘의 파리질다라(波利質多羅) 나무가 온갖 묘한 향기로운 꽃으로 장식한 거와 같이 이 선남자도 또한 다시 그와 같아야 가지가지 미묘한 불법의 진귀한 보배로 스스로를 장엄하느니라. 또 마치 어떤 짐승도 사자왕을 능히 놀라게 하거나 항복받지 못하는 거와 같이, 이 선남자도 또한 그와 같아야 일체 중생이 능히 그를 놀라게 하거나 항복받지 못하느니라. 또 마치 밝은 해가 능히 세간의 모든 어두움을 없애는 거와 같이 이 선남자도 또한 다시 그와 같아야, 능히 일체 중생의 나쁜 소견과 무명(無明)의 어두움을 없애느니라.

또 마치 저 밝은 달이 밤중에 일체 길 잃은 중생에게 능히 평탄한 바른 길을 보여주어, 그로 하여금 그가 가고자 하는 대로 모두를 갈 수 있게 하는 것처럼 이 선남자도 또한 다시 그와 같나니, 무명의 어둔 밤에 능히 일체 삼승도를 미혹하여 생사광야를 헤매는 중생들에게 삼승의 바른 길을 보이고 그가 마땅한 바를 따라서 방편을 베풀어 생사에서 벗어나게 하느니라.

또 마치 저 대지(大地)가 일체 종자와 나무와 산·농사·땅·몸과 또 모든 중생들의 의지하는 바가 되는 거와 같이 이 선남자도 또한 다시 그와 같아야 깨달음에 이르는 일체에 뛰어난 묘한 법이 의지하는 바가 되느니라.

또 마치 저 대보묘고산왕(大寶妙高山王)이 견고하고 이지러짐도 없고 틈도 없이 잘 머무는 거와 같이 이 선남자도 또한 다시 이와 같아야 일체의 부처님만이 갖추고 있는 법에 잘 머무르며, 모든 중생들을 버리지 않기 때문에 이지러짐이 없다 하고 일체 선근을 모든 중생에게 잘 베풀므로 빈틈이 없다 하느니라.

또 저 허공이 일체 중생을 모두 수용하는 바가 되는 거와 같이 이 선남자도 또한 다시 이와 같아야 일체 중생의 다 수용하는 바가 되느니라.

이 선남자는 이와 같은 무량무변한 온

갖 공덕법을 이루었느니라.”

그때에 모든 대중들이 지장보살마하살이 무량한 칭찬하올 공덕을 성취하였다는 말씀을 듣고, 모두 일찍이 없었던 드물고 귀한 공덕을 얻고 존중하고 공경하며, 모두가 크게 기뻐하고 지극한 마음으로 지장보살을 자세히 바라보면서 잠시도 눈을 딴 곳으로 돌리지 않았다.

그때에 세존께서 이 뜻을 거듭 나타내시기 위하여 게송을 읊으셨다.

지장보살　　마하살은　　참대사이니
한량없는　　많은공덕　　모두갖추고
성문의　　　형상을　　　나타내어서
여래앞에　　나와서　　　계수하더라.

중생에게　　모든낙을　　베풀어주고
삼계중생　　모든고통　　제도하였네
한량없는　　가지가지　　비를내리어
그것으로　　여래전에　　공양하더라.

천상의　　무구생　　제석천왕이
사방을　　두루두루　　관찰하고서
합장하고　　지성으로　　공경하고는
여래전에　　나와서　　찬청하였네.

제가이제　　세존의　　대중을보니
마니보　　큰구슬의　　밝은광명이
모든나라　　남김없이　　두루비치어
명료하지　　않은것　　하나도없네

여섯가지　　신통으로　　세간비추며

이자리에   마땅히   오려는자는
그이름   용맹스런   지장대사니
출가인의   위의로   나타나리라.

일곱가지   성재가   묻힌창고요
걸림없고   두렴없는   불음성이며
수승하온   제보살의   묘한깃대며
중생들을   인도하는   우두머리라.

해탈하는   보배가   의지한바며
한량없는   복바다로   정진갖추고
대비심을   즐기며   총민갖추며
모든유정   온갖고통   구제해주네.

겁내는자   위하여는   큰성이되고
밝은달과   같아서   길을밝히며

선근을　　　내는것은　　　대지와같고
미혹을　　　깨트림은　　　금강과같네.

해탈보를　　중생에게　　　능히베풀고
물과같이　　온갖미혹　　　흘려보내며
번뇌의　　　더위에는　　　일산이되고
중생병을　　고치기는　　　의사와같네.

하루동안　　지장보살　　　이름부르면
거룩하온　　그이름의　　　큰공덕은
수없는겁　　다하도록　　　다른성자의
높은공덕　　칭함보다　　　수승하여라.

시방세계　　모든중생　　　온갖번뇌의
모든결박　　남김없이　　　능히풀으며
건행정과　　그밖의　　　　온갖정으로

걸림없는　　저언덕에　　이르게하네.

십이인연　　모두모두　　청정하여서
모든지혜　　허공처럼　　걸림이없어
가없는　　　모든국토　　모든중생의
어둠의　　　무더기를　　모두파하네.

어느국토　　에서나　　　정에들어서
사정려와　　그밖의　　　위력떨치어
시방세계　　모든국토　　모든중생을
정에들어　　모든고통　　없애어주네.

중생들이　　과거세의　　악업때문에
전쟁과　　　질병과　　　굶주림으로
어디서나　　괴롭고　　　위태로울때
그모두를　　다함께　　　건져주니라.

중생들의　다섯가지　나쁜몸들이
온갖고통　쉬임없이　핍박하여도
지장보살　귀의하고　공경한자는
모든고통　남김없이　모두없애리.

중생들이　고통스런　수레를타고
서로서로　돌아가며　해치더라도
지장보살　귀의하고　공경한자는
인욕과　자비심에　머물게되리.

열두가지　인연이　두렵게되어
고통에서　의지할곳　찾을때에도
지장보살　귀의하고　공경한자는
두렴없는　저땅에서　편하게쉬리.

복된공덕　닦기를　즐거워하고

바른생각　　청정계행　　총명구할때
지장보살　　귀의하고　　공경한다면
구하는바　　모든소원　　다만족하리.

기술과　　　의약과　　　모든종자와
여러가지　　온갖공덕　　구할지라도
지장보살　　귀의하고　　공경한다면
구하는바　　그모두를　　다만족하리.

온갖곡식　　온갖약초　　농토구하고
아들딸과　　의복과　　　사람구해도
지장보살　　귀의하고　　공경한다면
구하는바　　그소원을　　다만족하리.

온갖덕을　　갖추어　　　서로응하고
대지를　　　맡아서　　　능히가지니

그때문에   모든곡식   모든약초가
윤택하고   부르럽게   모두자라네.

여러가지   번뇌에   덮인바되어
열가지의   악한업을   행한자라도
지장보살   귀의하고   공경한다면
모든번뇌   모든악업   다없어지리.

가지가지   몸과형상   나타내어서
중생들을   위하여   법을설하고
구족하게   모든공덕   베풀어주고
모든중생   어여삐   살펴주니라.

어떤사람   백겁동안   지장보살의
크신공덕   찬탄하여   말하려해도
그소분을   오히려   못다하리니

이까닭에 　모두다　 공양할지라.

이까닭에 　모두다　 공양할지라.

지장보살본원경

제1 도리천궁에서 신통을 나투심

이와 같이 내가 들었다. 한때 부처님께서 도리천에 계시사 어머니를 위하여 법을 설하셨다. 그때에 시방무량세계의 불가설불가설 모든 부처님과 대보살마하살이 다 와서 법회에 모여 찬탄하기를 "석가모니 부처님이 능히 오탁악세에서 불가사의한 대지혜와 신통력을 나투사, 억세고 거치른 중생들을 조복시켜 괴로움과 즐거움의 법을 알게 하신다"하고 각기 시자를 보내시어 부처님께 문안을 드렸다.

이때에 부처님께서는 웃음을 머금으시고 백천만억의 큰 광명의 구름을 놓으시니 이른바 대원만광명운이며 대자비광명운이며, 대지혜광명운이며 대반야광명운이며, 대삼매광명운이며 대길상광명운이며, 대복덕광명운이며 대공덕광명운이며 대귀의광명운이며 대찬탄광명운이라. 이와 같은 불가설의 광명의 구름을 놓으시고 나서 또한 가지가지 미묘한 음성을 내시니 이른바 단(檀) 바라밀음이며 시라(尸羅)바라밀음이며 찬제(羼提)바라밀음이며, 비리야(毘離耶)바라밀음이며 선(禪)바라밀음이며, 반야바라밀음이며 자비음이며, 희사음이며 해탈음이며, 무루음이며 지혜음이며, 대지혜음이며 사자후음이며 대사자후음이며 운뢰(雲雷)음이며 대운뢰음이라.

　이와 같은 등 불가설불가설의 음성을
내시고 나니 사바세계와 또한 타방국토에
있는 무량억수의 천상사람과 용과 귀신
등이 도리천궁으로 모여들었으니, 이른바
사왕천·도리천·야마천·도솔천·화락천·
타화자재천·범중천·범보천·대범천·소광
천·무량광천·광음천·소정천·무량정천·
변정천·복생천·복애천·광과천·무상천·
무번천·무열천·선견천·선현천·색구경천
·마혜수라천과 내지 비상비비상처천이라.
또한 일체의 천인(天人)무리와 용의 무리
와 귀신무리들이 모두 와서 법회에 모였
으며 또한 타방국토와 사바세계에 있는
해신·강신·화신·수신(樹神)·산신·지신·
천택신(川澤神)·묘가신(苗稼神)·주신(晝神)

·야신(夜神)·공신(空神)·천신·음식신·초목신 등 이러한 신들이 모두 모여들었다.

또한 타방국토와 사바세계에 여러 대귀왕(大鬼王)이 있었으니, 이른바 눈이 악한 귀왕과 피를 먹는 귀왕과, 정기를 먹는 귀왕과 태나 알을 먹는 귀왕과, 병을 돌리는 귀왕과 독기를 가진 귀왕과 자비심이 많은 귀왕과 복과 이익이 되게 하는 귀왕과 크게 사랑하고 공경하는 귀왕 등 이러한 귀왕들이 또한 모두 모여들었다.

그때에 석가모니불께서 문수사리법왕자보살마하살에게 이르셨다.

"네가 여기에 모인 모든 부처님과 보살들과 천상사람과 용과 귀신들을 보느냐? 지금 이와 같이 이 세계와 타방세계와 이 국토와 타방국토에서 이 도리천에 모여든

자의 수효를 네가 알겠느냐?"

문수사리보살이 부처님께 말씀드렸다.

"세존이시여, 제가 신력을 기울여 천겁 동안 헤아릴지라도 능히 그 수효를 알지 못하겠사옵니다."

부처님께서 문수사리보살에게 이르셨다.

"내가 불안(佛眼)으로 관찰할지라도 오히려 그 수효를 다 헤아리지 못할 것 같느니라. 이들은 모두 다 지장보살이 오랜 겁을 지내면서 이미 제도하였으며, 지금 제도하고 있으며, 미래에 제도할 것이며, 이미 성취시켰으며, 지금 성취시키고 있으며, 장차 성취시킬 것이니라."

문수사리보살이 부처님께 말씀드렸다.

"세존이시여, 저는 이미 과거세에 오랫

동안 선근을 닦아 걸림없는 지혜를 얻었으므로 부처님께서 말씀하시는 바를 듣고 마땅히 믿고 받아 지닐 수 있사오나 소과(小果)인 성문(聲聞)이나 천상사람과 용 등 팔부신중과 미래세의 모든 중생들은 비록 부처님의 성실하신 말씀을 듣고도 반드시 의심을 품을 것이오며, 설사 받아 들이더라도 비방함을 면치 못하오리니 세존이시여, 오직 바라옵건대 지장보살마하살이 인행시에 어떤 행을 닦았사오며 어떤 원을 세워서 이제 능히 이러한 불가사의한 일을 성취하셨사온지 자세히 말씀하여 주소서."

부처님께서 문수사리보살에게 이르셨다.

"비유로서 말하면 삼천대천세계에 있는

초목·총림·벼·삼·대·갈대와 산의 돌과
가는 티끌까지라도 한 가지 물건을 하나
로 삼아서 한 항하(恒河)를 만들고, 한 항
하에 있는 한 모래알로 한 세계를 만들고,
그 한 세계 안에 있는 한 티끌로 한 겁을
삼고, 그 한 겁 안에 쌓인 티끌 수효의 모
두로서 겁을 삼더라도, 지장보살이 십지
과위(十地果位)를 증득한 이래 교화한 자
의 수효는 위의 비유보다 천배나 많거늘,
어찌 하물며 지장보살의 성문이나 벽지불
지(辟支佛地)까지의 일을 헤아릴 수 있으
랴.

　문수사리여, 이 보살의 위신력과 서원
은 가히 생각으로 의논할 수 없느니라. 만
약 미래세에 혹 선남자 선여인이 있어 이
보살의 명호를 듣고 찬탄하거나 쳐다보고

예배하거나 혹 명호를 부르거나 공양을 드리거나, 내지 형상을 그림으로 그리거나 조각하여 만들거나 형상에 칠을 올리면, 이 사람은 마땅히 백 번을 33천에 태어나 영영 악도에 떨어지지 않게 되느니라.

문수사리여, 이 지장보살마하살은 저 머나먼 과거 불가설불가설 겁 전에 큰 장자의 아들이었더니라. 그때 세상에 부처님이 나시어 호를 사자분신구족만행여래(獅子奮迅具足萬行如來)라 하셨는데 그때 장자아들이 부처님 상호가 천복(千福)으로 장엄하심을 보고 부처님께 여쭈었느니라.

"세존이시여, 세존께서는 어떤 행원을 지었사옵건대 지금과 같은 훌륭한 상호를 이루셨사옵니까?"

이에 사자분신구족만행여래께서 장자의 아들에게 이르셨다.

"이 몸을 이루고자 하거든 마땅히 오랫동안 모든 고통받는 중생을 건져주어야 하느니라. 문수사리여, 그때에 장자의 아들이 곧 큰 맹세를 하기를 '제가 이제 미래세가 다하고 헤아릴 수 없는 겁 동안에 이 죄고(罪苦) 받는 육도중생을 위하여, 널리 방편을 베풀어서 모두 해탈케 하온 연후에 저 자신이 불도를 이루겠사옵니다'하고 저 부처님 앞에서 이 대원을 세웠느니라. 그로부터 지금까지 백천만억나유타불가설겁 동안을 보살이 되었느니라.

또 과거 불가사의 아승지겁 전에 그때 세상에 부처님이 계셔서 호를 각화정자재왕여래(覺華定自在王如來)라 하셨으니, 저 부처님 수명은 사백천만억아승지겁이었는데 그 부처님의 상법(像法)시대에 한 바라문의 딸이 있었더니라. 그는 숙세에 깊고 두터운 복을 심어 여러 사람으로부터 공경을 받았으며, 가거나 있거나 앉았거나 누웠거나 모든 천상사람이 그를 호위하였느니라. 그의 어머니가 사도를 믿어 항상 삼보를 업신여겼는데 그때에 그의 딸이 널리 방편을 베풀어서 그 어머니에게 권유하여 바른 지견을 내게 하였으나, 그 어머니는 아직 온전한 믿음에 이르지 못한 사이에 얼마 안 가서 목숨을 마쳤느니라.

그의 혼신은 무간지옥에 떨어졌는데 바라문의 딸은 어머니가 생전에 인과를 믿지 않았으므로 필시 업에 끄달려 악도에 떨어졌을 것으로 알고, 이윽고 집을 팔아서 널리 훌륭한 향과 꽃과 그밖의 모든 공양구를 구하여 저 부처님의 탑과 절에 가서 크게 공양을 올렸느니라. 그때 바라문의 딸은 각화정자재왕여래의 존상이 한 절 안에 있어 그 그림의 위용이 단정하고 위엄있는 얼굴이 두루 원만함을 보고 그 여자는 존상을 우러러 쳐다보고 예배하였느니라.

그리고 더욱 우러러 공경하는 마음이 간절하여 스스로 생각하기를 '부처님의 이름은 대각(大覺)이시니 일체지(一切智)를 갖추셨음이라. 만약 세상에 계실 때라면 나의 어머니가 돌아가신 뒤 혹 와서 부처님께 여쭈어 보았던들 반드시 가신 곳을 알았을 것이다' 하면서 바라문의 딸은 오랫동안 흐느껴 울며 부처님을 쳐다보고 생각하였더니라.

그때에 문득 공중에서 말소리가 들려왔다.

"우는 자 성녀(聖女)여, 너무 슬퍼하지 말라. 내 이제 너의 어머니가 간 곳을 일러주리라."

바라문의 딸은 합장하고 공중을 향하여 여쭈었다.

"이 어떠한 싱그러우신 덕이시옵기에 저의 근심을 너그러이 풀어주시옵니까? 제가 어머니를 잃은 이래로 밤낮으로 생각하고 생각하였사오나 저의 어머니가 태어나신 곳을 물을 곳이 없었사옵니다."

그때에 공중에서 다시 소리가 나서 바라문의 딸에게 말하였다.

"나는 너의 정성을 다한 절을 받은 과

거의 각화정자재왕여래니라. 네가 어머니를 생각하기를 보통사람들보다 배나 더한 것을 보았으므로 특별히 와서 일러주노라."

바라문의 딸은 이 소리를 듣고나서 감격하여 몸을 일으키고 다시 몸부림쳐 팔과 다리를 성한 데 없이 다쳤더니, 좌우에 있는 이들이 부축하고 돌보아 한참 만에 다시 정신을 차리고 공중을 향하여 여쭈었다.

"부처님이시여, 바라옵건대 크옵신 사랑으로 불쌍히 여기시사 저의 어머니가 태어난 곳을 속히 말씀하여 주옵소서. 저는 이제 몸과 마음이 오래지 않아 죽을 것만 같사옵니다."

그때 각화정자재왕여래께서 성녀에게

118

이르셨다.

"네가 공양 올리기를 마치거든 곧 집으로 돌아가서 단정히 앉아 나의 명호를 생각하라. 그런 즉 마땅히 너의 어머니가 태어난 곳을 알게 되리라."

이에 바라문의 딸은 부처님께 예배드리고 곧 집으로 돌아왔느니라. 어머니를 생각하면서 단정히 앉아 각화정자재왕여래를 생각하면서 하루 낮 하루 밤을 지냈더니, 홀연히 자신이 한 해변가에 이르렀음을 보았느니라. 그 물은 펄펄 끓어오르는데 여러 악한 짐승들이 많고 모두가 몸이 쇠로 되었으며 바다 위를 날아다니고 혹은 동서로 몰려 다니는데, 그 속에 남자 여자 백천만명이 바다에 혹은 떠오르고 혹은 잠기면서 저 여러 악한 짐승들에게 다투어 잡아먹히는 것이 보였느니라. 또 보니 야차가 있어 그 형상은 가지가지여서, 혹은 손이 여럿이고 눈이 여럿이고 다리도 머리도 여럿이라. 입에는 어금니가 밖으로 튀어나와 날카로운 칼과 같은데 저 모든 죄인들을 몰아다가 악한 짐승에게 가까이 대어주며 또는 머리와 발을 서로 얽어 묶어가는 그 형상이 천만가지라. 차마 오래 볼 수 없었더니라. 그때에 바라문의 딸은 염불하는 힘으로 자연히 두려움이 없었더니라.

거기에 한 귀왕이 있었는데 이름을 무독(無毒)이라 하였느니라. 머리를 숙이며 와서 성녀를 맞이하며 말하였느니라. "잘 오셨습니다. 보살은 어찌하여 여기를 오셨습니까?" 바라문의 딸이 귀왕에게 물었다. “이곳은 어떤 곳입니까?” 무독이 대답하였다. “여기는 대철위산(大鐵圍山) 서쪽에 있는 첫째겹 바다입니다.”성녀가 다시 물었다. “내가 듣기에 철위산 안에는 지옥이 있다 하온데 그것이 사실입니까?” 무독이 대답하였다. “참으로 지옥이 있사옵니다.”성녀가 물었다.

“나는 어떻게 하면 그곳에 이를 수 있겠습니까?” 무독이 대답하였다. “그곳은 부처님의 위신력이거나, 업력이거나 이 두 가지 인연이 아니면 도저히 이르지 못하옵니다.” 성녀가 또 물었다. “이 물은 어떤 인연으로 이렇게 끓어오르며 모든 죄인과 악한 짐승이 많습니까?” 무독이 대답하였다. “이곳은 염부제에서 악한 짓을 한 중생으로서 새로 죽은 자들이 49일이 지나는 동안, 그 죽은 자를 위하여 공덕을 지어 고난에서 건져주는 자가 없거나 살아 있을 때에 착한 인(因)을 지은 바가 없을 때는 부득이 본업이 지은 대로 지옥에 떨어지게 되어 그때에 자연히 먼저 이 바다를 건너게 되옵니다. 이 바다 동쪽으로 십만유순(由旬)을 지나 또 한 바다가 있사온데 거기의 고통은 여기의 배가 되오며, 그 바다의 동쪽에 또 한 바다가 있사오니 거기의 고통은 다시 거기의 배가 되옵니다. 이들은 삼업(三業)이 악하므로 받는 것이온 바 저를 다 업바다[業海]라 하오니 이곳이 바로 그곳입니다.”

성녀가 또 무독귀왕에게 물었다. “지옥이 어디 있습니까?” 무독이 대답하였다. “세 바다 안이 이것이 대지옥이옵고, 그 수효는 백천이나 되옵는데 각각 차별이 있습니다. 말하자면 큰 것은 모두가 열여덟이옵고 다음에 오백이 있는데 그 고통이 한량이 없사오며, 또 그 다음에 천백이나 있사온데 역시 고초가 한량없습니다." 성녀가 또 대귀왕에게 물었다. "나의 어머니가 죽은 지 얼마 안되었는데 혼신이 어느 곳에 가 있는지 모릅니다." 귀왕이 성녀에게 물었다. "보살의 어머님은 생전에 어떤 행업을 익혔습니까?" 성녀가 대답하였다. "나의 어머니는 삿된 소견으로 삼보를 비방하였고 혹 잠깐 믿다가도 곧 돌이켜 공경하지 않았습니다. 돌아가신 지 얼마되지 않사오나 태어난 곳을 알 수 없습니다." 무독이 물었다. "보살의 어머니는 성씨가 무엇이옵니까?" 성녀가 대답하였다. "나의 부모는 모두 바라문종인데 아버지 이름은 시라선현(尸羅善現)이요, 어머니 이름은 열제리(悅帝利)입니다." 무독이 합장하고 보살에게 말하였다.

"바라건대 성자께서는 집으로 돌아가시어 너무 근심하거나 슬퍼하지 마옵소서. 열제리 죄녀가 천상에 난 지 이제 3일이 되옵니다. 효순한 자손이 어머니를 위하여 공양을 올리고 복을 닦으며 각화정자재왕여래의 탑과 절에 보시한 공덕으로 보살의 어머님만 지옥에서 벗어났을 뿐만 아니라, 이 무간지옥에 있던 죄인은 그날 모두가 함께 천상에 태어나 낙을 누리게 되었습니다"하고 귀왕이 말을 마치고 합장하고 물러갔느니라.

바라문의 딸은 곧이어 꿈과 같이 집으

로 돌아와 이 일을 깨닫고 문득 각화정자
재왕여래의 탑과 존상 앞에서 넓은 서원
을 세우기를 '맹세하옵나니 저는 미래 겁
이 다하도록 죄고에 빠진 중생이 있으면
마땅히 널리 방편을 베풀어서 해탈케 하
오리다' 하였느니라."

부처님께서 문수사리보살에게 이르셨
다.

"여기의 귀왕인 무독이라는 자는 오늘
날의 재수(財首)보살이 그며, 바라문의 딸
은 바로 지장보살이 그니라."

제2 분신이 법회에 모임

저 때에 백천만억 불가사(不可思) 불가의(不可議) 불가량(不可量) 불가설 무량아승지 세계에 있는 지옥에 나투셨던 지장보살의 분신(分身)이 모두 도리천궁으로 모여들었다. 또한 각각 그 방면에서 해탈을 얻고 업도에서 나온 자가 각기 천만억 나유타가 있었는데, 이들이 다같이 부처님의 신력을 입어 향과 꽃을 가지고 와서 부처님께 공양하였다. 저들 함께 온 무리들은 모두가 지장보살의 교화를 입어 길이 아뇩다라삼먁삼보리에서 물러서지 아니할 자들이었다.

이 모든 무리들은 머나먼 겁으로부터 내려오면서 생사물결에 빠져들어 육도를 윤회하면서 고초를 받기를 잠시도 쉴 틈이 없었다가 지장보살의 광대한 자비와 깊은 서원력을 힘입어 각기 도과(道果)를 증득하고 도리천에 이르렀으니, 마음이 기뻐 띌 듯하여 부처님을 우러러 쳐다보며 잠시도 눈을 다른 곳으로 팔지 않았다.

그때에 세존께서 금빛의 팔을 펴시어 백천만억 불가사 불가의 불가량 불가설 무량아승지의 여러 세계에서 온 모든 지장보살마하살의 분신의 이마를 만지시며 말씀하셨다.

"내가 오탁악세(五濁惡世)에서 이와 같

은 억세고 거치른 중생들을 교화하여 저
들의 마음을 조복시켜 삿된 길을 버리고
바른 길로 돌아오게 하였으나 그 중열 가
운데 하나 둘은 아직도 악한 습관에 빠져
있느니라. 내가 또한 백천만억의 분신을
내어 널리 방편을 베풀으니, 혹 그 중에도
근기가 수승한 자는 법을 들으면 곧 받아
지니기도 하며, 혹 선과(善果)가 있는 자
는 부지런히 권하면 성취하는 자도 있으
며, 혹은 근기가 어둡고 둔하며 오랫동안
교화하여야 바야흐로 돌아오는 자도 있으
며, 혹은 업이 중하여 우러러 공경하는 마
음을 내지 않는 자도 있으니 이러한 중생
무리들을 각각 차별하여 분신이 제도하느
니라.

혹은 남자 몸을 나투고 혹은 여자 몸을

나투며 혹은 하늘사람이나 용의 몸을 나투며 혹은 귀신의 몸을 나투며, 혹은 산이나 숲이나 내나 들과 하수물이나 못이나 샘이나 우물 등을 나투어서 저들 사람에게 이익이 되게 하여 모두를 제도하며 혹은 제석천왕(帝釋天王)의 몸을 나투며 혹은 범왕(梵王)의 몸을 나투며 혹은 전륜왕(轉輪王)의 몸을 나투며 혹은 거사의 몸을 나투며 혹은 국왕의 몸을 나투며 혹은 재상의 몸을 나투며 혹은 관속의 몸을 나투며 혹은 비구·비구니·우바새·우바이의 몸을 나투며 내지 성문·아라한·벽지불·보살 등의 몸을 나퉈서 교화하고 제도하나니 비단 부처님 몸으로서만 홀로 그 몸을 나타냄이 아니니라.

너는 내가 누겁을 두고 근고하며 이와

같은 교화하기 어려운 억세고 거치른 죄고 중생들을 제도하는 것을 관하여, 그 가운데 아직 조복하지 못한 자가 있어서 업을 따라 과보를 받게 되고, 혹 악취(惡趣)에 떨어져 큰 고초를 받을 때에 너는 마땅히 내가 도리천궁에서 은근히 부촉한 것을 생각하고, 사바세계에 미륵불이 출세하여 오실 때까지 중생으로 하여금 영영 모든 고통을 여의어 해탈케 하여 부처님의 수기를 받도록 하라.”

저 때에 모든 세계에 나투었던 지장보살 분신이 다시 한 형상으로 모여 슬피 눈물을 흘리며 부처님께 말씀드렸다.

“제가 구원겁으로 좇아 내려오면서 부처님의 인도하심을 입어 가히 생각할 수 없는 신력을 얻고 대지혜를 갖추었사옵니다. 저는 저의 분신으로 하여금 백천만억 항하사세계에 두루 가득차게 하고 그 한 몸마다 백천만억 사람을 제도하여, 하여금 삼보께 귀의토록 하여 길이 생사를 여의고 열반락에 이르게 하겠사옵니다. 다만 불법 중에서 행한 바 착한 일이라면 한 터럭만큼이나 한 물방울만큼이나 한 모래알이나 한 티끌이나 한 머리털만한 것이라도 제가 점점 교화하여 제도하고 큰 이익을 얻게 하오리니 세존이시여, 오직 바라옵건대 후세에 악업중생으로 하여는 염려를 마옵소서."

이와 같이 세 번 부처님께 말씀드리니 저때에 부처님께서 지장보살을 찬탄하시었다. "장하고 장하다. 내가 너의 기쁨을 도우리라. 너는 능히 구원겁으로 내려오

면서 발한 바 큰 서원을 성취하고 장차
널리 중생을 제도한 후 곧 보리를 이루리
라.”

제3 중생의 업연을 관찰함

그때에 부처님의 어머니이신 마야 부인이 지장보살에게 공경스러이 합장하고 물었다. "성자시여, 염부제 중생이 업을 짓는 차별과 그에 따라 받는 바 과보는 어떠하옵니까?"

지장보살이 대답하였다. "천만세계와 모든 국토에 혹 지옥이 있기도 하며 혹 지옥이 없기도 하며 혹 여인이 있기도 하며 혹 여인이 없기도 하며 혹 불법이 있기도 하며 혹 불법이 없기도 하며 내지 성문과 벽지불도 또한 다시 그와 같아 지옥의 죄보가 한 가지뿐만은 아닙니다.”

마야 부인이 지장보살에게 거듭 여쭈었다. “바라옵건대 염부제에서 지은 갖은 죄업으로 인하여 악취에 떨어져서 과보를 받는 것에 대하여 듣고자 하옵니다.”

지장보살이 대답하였다. “성모(聖母)시여, 바라건대 잘 들으소서. 제가 간략히 말씀하오리다.”

불모가 사루었다. “원컨대 성자시여, 말씀하여 주소서.”

이때에 지장보살이 성모에게 말하였다.

“남염부제에 있어 받게 되는 죄보의 이름은 대개 이러합니다. 어떤 중생이 부모에게 불효하고 혹 살해까지 하였다면, 그는 마땅히 무간지옥에 떨어져서 천만억겁으로 벗어날 기약이 없으며, 혹 중생이 부처님 몸에서 피를 냈거나 삼보를 비방하고 존중하온 경전을 공경하지 아니하면, 이 또한 마땅히 무간지옥에 떨어져서 천만억겁으로 벗어날 기약이 없습니다. 혹 어떤 중생이 상주물(常住物)을 침범하거나 손해를 입히거나 비구·비구니를 더럽히거나 혹 절 안에서 방자하게 음욕을 행하거나 혹은 죽이거나 혹 해로운 짓을 하면, 이러한 무리들은 마땅히 무간지옥에 떨어져서 천만억겁으로 벗어날 기약이 없습니다.

또 어떤 중생이 거짓 사문(沙門)의 형상을 꾸미거나 마음은 사문이 아니며 상주물을 함부로 쓰며, 재가 신도들을 속이며 계율을 어기어서 가지가지 악한 죄를 지으면, 이러한 무리들은 마땅히 무간지옥에 떨어져서 천만억겁으로 벗어날 기약이 없습니다. 혹 어떤 중생이 있어 상주물을 도둑질하되, 재물이나 곡물이나 음식이나 의복이나, 내지 한 물건이라도 주지 아니한 남의 것을 가진 자도 마땅히 무간지옥에 떨어져서 천만억겁으로 벗어날 기약이 없습니다.

성모시어, 만약 어떤 중생이라도 이와 같은 죄를 지으면 모두가 오무간지옥에 떨어져 잠깐 동안 고통을 쉬고자 하여도 쉴 겨를을 얻지 못하게 됩니다.”

마야 부인이 거듭 지장보살에게 말씀드렸다. “어떠한 것을 무간지옥이라 하옵니까?”

지장보살이 말하였다.

"성모시여, 모든 지옥은 대철위산 내에 있사온데 그 대지옥은 열여덟 곳이 있으며 그 다음에 지옥이 또 오백이 있어 이름이 각각 다릅니다. 무간지옥은 지옥의 성둘레가 팔만여 리가 되고 그 성은 순전히 쇠로 만들어졌으며 성의 높이는 일만 리이고 성 위에는 불무더기가 조금도 빈틈이 없이 덮였으며 그 지옥성 안에 또 지옥이 서로 이어져 있고, 그 지옥의 이름도 각각 다릅니다.

그리고 또 따로 한 지옥이 있사온데 이름을 무간이라 합니다. 그 지옥은 둘레가 일만 팔천 리이고 지옥의 담높이는 일천 리인데 모두 쇠로 만들어졌고 위의 불은 아래로 내려오고 아랫불은 위로 솟구치며 쇠로 된 뱀과 쇠로 된 개가 불을 토하면서 옥담 위를 동서로 쫓아다닙니다. 또 지옥 중에는 한 평상이 있는데 둘레는 만 리에 가득합니다.

그 속에서 한 사람이 죄를 받는데도 스스로는 그 몸이 평상 위에 가득차게 누워 있는 것을 보게 되며 천만 사람이 죄를 받을 때도 또한 각기 자기 몸이 평상 위에 가득함을 봅니다. 그밖에 다른 여러 죄업으로 인하여 받게 되는 과보도 또한 이와 같습니다. 또 모든 죄인이 온갖 고통을 빠짐없이 다 받는데 백천의 야차와 악귀들이 어금니는 칼날과 같고 눈은 번개와 같으며 손은 구리 쇠 손톱으로 죄인을 끌고 다닙니다. 또 어떤 야차는 큰 쇠창을 가지고 죄인의 몸을 찌르며, 혹은 입과 코를 쑤시며, 혹은 배에서 등으로 꿰어 공중으로 던졌다가 다시 받으며 혹은 평상 위에 놓기도 합니다. 또 쇠로 된 매가 있어서 죄인의 눈을 쪼고, 또 쇠로 된 뱀이 있어 죄인의 목을 감으며 온몸 마디마디에 긴 못을 박기도 하며, 혀를 빼어 보습으로 갈기도 하며 창자를 빼어 토막토막 자르기도 하며 구리 쇳물을 입에 붓기도 하며 뜨거운 무쇠를 몸에 감기도 합니다.

만 번 죽고 만 번 살아나는 죄업을 받는 모양이 이와 같아야 억겁을 지내더라도 벗어날 기약이 없으며, 이 세계가 허물어질 때는 다른 세계로 옮겨나게 되고, 다른 세계도 또한 허물어질 때는 또 다른 세계로 옮겨지며 그 다른 세계가 또 허물어질 때는 또 다른 곳으로 옮겨져 갔다가 이 세계가 이루어지면 다시 돌아오게 됩니다. 무간지옥의 죄보는 그 내용이 이와 같습니다.

 또한 다섯 가지 업감(業感)이 있으므로 무간이라 하옵는데 다섯 가지라 함은 첫째는 밤낮으로 고초를 받는 것이 겁수에 이르기까지 잠시도 끊일 사이가 없으므로 무간이라 하오며, 둘째는 한 사람으로도 가득차고 또한 많은 사람으로도 가득차므로 무간이라 하는 것이며, 셋째는 죄받는 기구에 쇠방망이와 매와 뱀과 늑대와 개와 방아와 맷돌과 톱과 끌과 작두와, 끓는 가마와 쇠그물과 쇠사슬과 쇠나귀와 쇠말이나 생가죽 등이 있어 이것으로 목을 조르고 뜨거운 쇳물을 몸에 부으며 배고프면 쇠뭉치를 삼키고 목마르면 뜨거운 쇳물을 마시기를 해가 다하고 겁수가 나유타를 다하더라도 그 사이 고초가 서로 연달아 잠시라도 끊일 사이가 없으므로 무간이라 하는 것이며, 넷째는 남자나 여자나 오랑캐나 늙은이나 어린이나 귀한 이나 천한 이를 가리지 아니하고, 혹 용이나 신이나 하늘사람이나 귀신까지라도 죄를 지은 업의 과보는 모두 똑같이 받으므로 무간이라 하오며, 다섯째는 만약 이 지옥에 떨어지면 처음 들어갔을 때로부터 백천겁에 이르도록 하루 낮 하루 밤 사이에 만 번 죽고 만 번 살아나 그 사이에 한 생각 동안을 쉬고자 하여도 쉴 수 없고 오직 업이 다하여야 바야흐로 다른 곳에 나게 되며, 이것이 끊이지 않고 이어지므로 무간이라 하는 것입니다.

무간지옥을 대강 말하자면 이와 같습니

다만 만약 지옥의 죄와 벌받는 기구와 이
름과 그 고초받는 여러 가지 일들을 상세
히 말하자면 한 겁 동안이라도 다 말할
수 없습니다.”
　마야 부인은 이 말을 듣고 나서 수심이
가득찬 얼굴로 합장하고 정례하고 물러갔
다.

제4 염부제 중생이 지은
업으로 받는 과보

저때에 지장보살마하살이 부처님께 말씀드렸다.

"세존이시여, 저는 부처님의 위신력을 입었으므로 백천만억세계에 두루 이몸 형상을 나누어 나투어서 일체 고통받는 업보중생을 구원하겠습니다. 만약 부처님의 대자비 위신력이 아니라면 저는 능히 이와 같은 변화를 하지 못하옵니다. 제가 이제 또한 부처님의 부촉을 받사오니 아일다(阿逸多)께서 성불하실 때까지 육도중생

으로 하여금 해탈하도록 하오리니 바라옵
건대 세존께서는 염려를 마시옵소서.”

그때 부처님께서 지장보살에게 이르셨
다.

“일체 중생이 해탈을 얻지 못하는 것은
성식(性識)이 정한 바가 없어 악한 습관으
로 업을 맺고 착한 습관으로 과(果)를 맺
으므로 혹은 착하기도 하고 혹은 악하기
도 하여 경계를 따라 태어나게 되느니라.
이리하여 오도를 윤회함이 잠시도 쉴 새
가 없으며 그 사이 문득 한량없는 겁이
지나가고 미혹으로 장애와 액난을 받는
것이 마치 고기가 그물 안에서 놀면서 흘
러가는 물 속에 있는 줄로 아는 거와 같
나니, 벗어났다가는 들어가고 잠시 나왔
다가 또 다시 그물에 걸리느니라.

이와 같은 무리들을 내가 근심하고 염려하였더니 네가 이미 옛부터 세웠던 원과, 이제 또한 여러 겁을 두고 거듭 맹세한 바를 마치려 하여 이들 죄업중생의 무리들을 널리 제도하겠다 하니 내가 다시 무엇을 염려하랴.”

부처님께서 이 말씀을 하실 때에 회중에 한 보살마하살이 있었으니 이름을 정자재왕(定自在王)이라 하였는데 부처님께 말씀드렸다.

“세존이시여, 지장보살이 여러 겁으로 내려오면서 각각 어떠한 원을 발하였건대 이제 세존의 은근하신 찬탄을 받나이까? 바라옵건대 세존께서는 간략히 말씀하여 주소서.”

이때에 세존께서 정자재왕보살에게 이

르셨다.

"자세히 듣고 자세히 들어라. 그리고 잘 생각하고 명심하여라. 내가 마땅히 너를 위하여 분별하여 해설하리라. 저 과거 한량없는 아승지나유타불가설겁에 그때에 부처님이 계셨으니 호는 일체지성취여래(一切智成就如來) · 응공 · 정변지 · 명행족 · 선서 · 세간해 · 무상사 · 조어장부 · 천인사 · 불세존이시니라.

그 부처님의 수명은 육만겁이었는데 아직 출가하시기 전에 한 작은 나라 왕이 되었더니 한 이웃 나라 왕과 더불어 벗을 삼아 함께 십선을 행하고 중생에게 이익을 베풀었더니라.

그 이웃 나라에 있는 백성들이 여러 가지로 악한 일을 많이 지었으므로 두 왕은 의논하여 널리 방편을 베풀기로 하였느니라. 한 왕은 발원하기를 '빨리 불도를 이루어 널리 이 무리들을 남김없이 제도하리라'하였고, 또 한 왕은 발원하기를 '만약 죄고에 빠진 이들을 먼저 제도하여 이들로 하여금 안락을 얻고 보리를 이루지 못할진대 나는 마침내 성불하기를 원치 않겠노라'고 하였느니라.

속히 성불하기를 발원한 자는 곧 일체지성취여래가 이 분이시며, 죄고중생을 길이 제도하지 아니하면 성불하기를 원치 않는다고 발원한 자는 곧 지장보살이 그이니라.

다시 과거 무량아승지겁에 한 부처님이 세상에 출현하셨으니 이름이 청정연화목여래(淸淨蓮華目如來)이시니라. 그 부처님의 수명은 40겁이었는데 그 부처님의 상법(像法)시대에 한 나한(羅漢)이 있어 중생을 복으로서 제도하였느니라. 차례로 교화하는데 마치 이름을 광목(光目)이라 하는 한 여인을 만났더니라. 그가 음식을 베풀어 공양하거늘 나한이 물었더니라.

"원하는 바가 무엇이오?"

광목이 대답하였더니라. "저는 어머니가 돌아가신 날에 복을 지어 어머니를 구하고자 하오나 저의 어머니가 어느 곳에 가서 나신 줄을 알지 못합니다."

나한이 이를 불쌍히 생각하고 그를 위하여 정에 들어 살펴보니 광목의 어머니는 악도에 떨어져서 극심한 고통을 받고 있음을 보고 광목에게 물었느니라.

"너의 어머니는 생전에 어떤 업을 행하

였길래 지금 악도에서 극심한 고통을 받고 있는고?"

광목이 대답하였느니라. "저의 어머니가 익힌 바는 다만 생선이나 자라 등속을 즐겨 잡수셨고 그 중에도 고기와 자라의 새끼를 많이 잡수셨습니다. 혹은 굽기도 하고 혹은 지지기도 하여 식성대로 많이 잡수셨사오니 그 죽은 목숨의 수를 계산하면 천만의 다시 배는 되는가 하옵니다. 존자께서는 자비로 불쌍히 여기시어 어떻게 구하여야 하올지 가르쳐 주옵소서."

나한이 이를 불쌍히 여기어 방편을 지어 광목에게 권하여 말하였더니라.

"너는 지극한 정성으로 청정연화목여래를 생각하라. 그리고 한편 그 부처님의 존상을 만들거나 탱화를 그리면 산 사람이

나 죽은 사람이 함께 수승한 과보를 얻으
리라.”

광목이 이 말을 듣고 곧 좋아하는 바
물건을 팔아 부처님 존상을 그려 모시고
공양 올리고 다시 공경심으로 슬피 울면
서 우러러 쳐다보며 예경드렸더니라. 그
랬더니 문득 새벽의 꿈에 부처님 몸을 보
았는데 금빛이 찬란히 빛나는 것이 수미
산과 같고, 부처님이 큰 광명을 놓으시며
광목에게 일렀더니라.

“너의 어머니는 마땅히 오래지 않아 너
의 집에 태어나리라. 그리고 겨우 배고프
고 추운 것을 알 때에 능히 말을 하리라.”

그 후에 광목의 집에 한 종이 아들을
낳았는데 3일이 채 못되어 머리를 조아리
며 슬피 울면서 광목에게 말하였더니라.

"생사의 업연으로 하여 과보를 스스로 받는 것이라. 나는 바로 너의 어미인데 오랫동안 컴컴한 곳에 있었으며 너와 이별한 후 여러 차례 대지옥에 빠졌느니라. 이제 너의 복력을 입어 바야흐로 몸을 받아 태어났으나 하천한 사람이 되고 또한 다시 단명이라, 나이 13이 되면 다시 악도에 떨어질 것이니 네가 어떠한 방법으로든 나를 고통에서 벗어나게 할 수 있겠는가?"

광목이 이 말을 듣고 자기 어머니인 것을 의심하지 아니하고 목메어 슬피 울며 종의 자식에게 말하였다.

"이미 당신께서 나의 어머니이실진대 스스로 지은 바 본 죄를 알 것이 아니오리까. 어떤 행업을 지었길래 악도에 떨어지셨습니까?”

종의 자식이 대답하였다. “산 목숨을 죽이고 불법을 헐어 비방한 두 가지 죄업으로 과보를 받았느니라. 만약 네가 복을 지어 나의 고난을 구원하여 주지 않았더라면 이러한 업 때문에 아직도 벗어나지 못하였으리라.”

광목이 물었다. “지옥의 죄보 내용이 어떠하옵니까?” 종의 아들이 대답하였다. “죄보 받는 일은 차마 말로 할 수 없으니 백천 세를 두고 말할지라도 다 말하기 어려우니라.”

광목이 이 말을 듣고 통곡하며 슬피 울다가 이윽고 하늘을 향하여 말하였더니라. “원하옵건대 저의 어머니를 지옥에서 영영 벗어나게 하여 주옵소서. 13세를 마친 다음에도 다시는 중죄도 없고 들어가야 할 악도도 없게 하여 주옵소서. 시방제불이시여, 자비로서 저를 어여삐 여기시사 제가 저의 어머니를 위하여 발하온 바 넓고 큰 서원을 허락하여 주소서. 만약 저의 어머니가 삼악도와 이와 같은 하천한 몸을 영영 여의고, 내지 여자의 몸까지라도 영겁을 두고 받지 않게 되온다면 제가 스스로 금일 이후 청정연화목여래존상 앞에 대하여 이 뒤로 백천만억겁 동안 모든 세계에 있는 일체 지옥과 삼악도에서 죄고를 받는 중생이 있을 때, 제가 이들을 구원하여 하여금 지옥이나 그밖의 축생 아귀 등 악취를 여의게 할 것을 맹서하옵니다. 이와 같은 죄보 받는 모든 사람들이 모두 성불한 연후에 제가 바야흐로 정각을 이루오리다." 이와 같이 서원을 발하고 나니 청정연화목여래께서 말씀하심을 자세히 들을 수 있었더니라.

"광목아, 네가 큰 자비심으로 능히 어머니를 위하여 훌륭하게 이와 같은 대원을 발하는구나. 내가 너의 어머니를 관하건대 너의 어머니는 13세가 되면 지금의 보를 다 받고 다음에 범지(梵志)로 태어나 수명이 백세에 이르리라. 다음에 그 과보를 지나서는 마땅히 무우국토(無憂國土)에 태어나리니 그 수명은 헤아릴 수 없는 겁이 될 것이며 그 다음에 불과(佛果)를 이루어서 널리 인간과 천상을 제도하되 그 수효는 항하의 모래수와 같으리라."

저 때에 광목을 복으로 제도한 나한은 곧 오늘의 무진의(無盡意)보살이 그요, 광목의 어머니 된 자는 곧 해탈보살이 그며, 광목녀는 곧 지장보살이 그니, 과거 구원겁 중에 이와 같이 자비하여 항하의 모래 수의 원을 발하고 널리 중생을 제도하였느니라. 또한 미래세 중에도 혹 남자나 여자가 있어 착한 행을 하지 않는 자나 악한 행을 하는 자나 내지 인과를 믿지 않는 자나, 사음을 행하고 망언을 하는 자나, 양설이나 악구를 하는 자나 대승을 비방하는 등, 이와 같은 모든 죄업중생은 반드시 악취에 떨어질 것이로되 만약 선지식의 인도함을 만나 손가락 한 번 튀기는 사이일지라도 지장보살에게 귀의하면 저 모든 중생들은 곧 삼악도의 죄보에서 해탈할 수 있느니라.

만약 능히 지극한 마음으로 귀의하고

공경하며 우러러 쳐다보고 예배하고 찬탄하거나 향이나 꽃, 의복과 가지가지 진귀한 보배, 또는 음식 등을 가져서 받들어 섬기는 자는 미래에 백천만억겁 중에 항상 여러 천상에 태어나서 수승하고 묘한 즐거움을 누리리라. 혹 천상의 복이 다하여 인간계에 하생하더라도 오히려 백천겁 동안 항상 제왕이 되고 능히 숙명(宿命)과 인과의 본말을 잊지 않으리라. 정자재왕이여, 지장보살은 이와 같은 불가사의한 대위신력이 있어서 널리 중생을 이롭게 하느니라. 너희들 모든 보살들은 마땅히 이 경을 기록하여 널리 펴고 유포시킬지니라."

정자재왕보살이 부처님께 말씀드렸다. "세존이시여, 바라옵건대 염려를 마시옵소서. 저희들 천 만억의 보살마하살들이 반드시 능히 부처님의 위신력을 이어받아 널리 이 경을 연설하여 염부제중생을 이익하게 하오리다.”

정자재왕보살이 세존께 말씀을 마치자 합장 공경하며 예배드리고 물러갔다.

그때에 사천왕이 함께 자리에서 일어나서 합장 공경하고 부처님께 말씀드렸다.

“세존이시여, 지장보살은 구원겁으로 내려오면서 그와 같은 큰 원을 발하였사온대 어찌하여 지금에 이르도록 아직도 중생들을 다 제도하지 못하고 광대한 서원을 발하옵니까? 간절히 바라옵나니 세존이시여 저희들을 위하여 말씀하여 주소서.”

부처님께서 사천왕에게 이르셨다.

“옳다 착하다. 내 이제 너희들과 현재와 미래의 천상 사람과 인간들에게 널리 이익을 주기 위하여 지장보살이 사바세계 염부제 안에 있는 나고 죽는 길 가운데서 일체 죄고 중생들을 사랑하고 불쌍히 보아 그들을 구원하고 해탈시키는 방편에 대하여 말하리라.”

사천왕이 말씀드렸다. “감사하오이다 세존이시여, 기꺼이 듣겠사옵니다.”

부처님께서 사천왕에게 이르셨다.

지장보살이 구원겁으로 내려오면서 오늘에 이르기까지 중생을 제도하여 해탈시켜 오지만 아직도 그 원을 다 마치지 못하였느니라. 이 세계의 죄고중생들을 사랑하고 불쌍히 여기어, 다시 미래의 무량겁 중에서 인연의 덩쿨이 끊어지지 않음을 관하였느니라. 그런 고로 다시 중한 원을 세우나니라. 이와 같이 지장보살은 사바세계 염부제 가운데서 백천만억 방편을 베풀어 교화를 쉬지 않느니라.

사천왕이여, 지장보살은 만약 산 목숨을 죽이는 자를 만나면 숙세에 재앙이 있고 수명이 짧은 보(報)가 따르는 것을 말해주며, 만약 도둑질하는 자를 만나면 빈궁하고 고초받는 보를 말해주며, 혹 사음하는 자를 만나면 참새나 비둘기나 원앙새의 보를 받는 것을 말해주며, 혹 악구를 하는 자를 만나면 권속이 서로 다투는 보를 말해주며, 혹 훼방하는 자를 만나면 혀가 없고 입에 창병이 나는 보를 말해주며, 혹 성내는 자를 만나면 얼굴이 누추하고 풍창이 나는 보를 말해주며, 혹 인색하고 간탐하는 자를 만나면 구하는 바 소원이 어긋나는 보를 말해주며, 혹 음식을 절도 없이 먹는 자를 만나면 배고프고 목마르고 목병이 나는 보를 말해주며, 혹 사냥하기를 즐기는 자를 만나면 놀라거나 미쳐서 목숨을 잃는 보를 말해주며, 혹 부모의 뜻을 어기고 거슬리는 자를 만나면 천재지변으로 죽는 보를 말해주며, 혹 산이나 숲을 불지르는 자를 만나면 미쳐 정신없이 죽는 보를 말해주며, 혹 전 부모나 후 부모에게 악독하게 하는 자를 만나면 내생에 바꿔 나서 매맞는 보를 말해주며, 혹 그물로 산짐승의 새끼를 잡는 자를 만나면 골육간에 이별하는 보를 말해주며, 만약 삼보를 훼방하는 자를 만나면 눈 멀고 귀 먹고 벙어리 되는 보를 말해주며, 만약 법을 가벼이 여기고 부처님 가르침을 업신여기는 자를 만나면 길이 악도에 떨어지는 보를 말해주며, 만약 절의 물건을 파하거나 함부로 쓰는 자를 만나면 억겁 동안 지옥을 윤회하는 보를 말해주며, 만약 청정한 행을 더럽히고 스님을 속이는 자를 만나면 길이 축생보를 받는 것을 말해주며, 만약 끓는 물이나 타는 불이나 칼이나 도끼 같은 것으로 생명을 다치게 하는 자를 만나면 윤회하면서 서로 갚게 되는 보를 말해주며, 만약 계행을 파하고 재계를 범하는 자를 만나면 새나 짐승이 되어 굶주리는 보를 말해주며, 만약 재물을 이치에 당치 않게 헛되이 쓰는 자를 만나면 구하는 바가 다 없어지고 끊어지는 보를 말해주며, 만약 아만심이 많은 자를 만나면 남에게 부림을 받는 천한 보를 말해주며, 만약 두 말로 이간질하여 싸움을 일으키는 자를 만나면 혀가 없거나 혀가 백이나 되는 보를 말해주며, 만약 삿된 소견을 가진 자를 만나면 야만 속에 태어나는 보를 말해주는 등 이와 같이 염부제중생들이 몸과 입과 뜻으로 짓는 악한 업의 결과로 받게 되는 백천 가지 과보를 말해주나니 내가 이제 간략히 말한 것이니라.

지장보살은 이와 같은 등 염부제중생들이 지은 바 죄업으로 받는 가지가지 차별을 따라 백천 가지 방편을 베풀어서 저들을 교화하느니라.

그런데도 이 모든 중생들이 먼저 이와 같은 보를 받고 뒤에 지옥에 떨어지며 문득 겁수를 지나도록 나올 기약이 없나니 그러므로 너희들은 사람을 보호하고 나라를 보호하여 그들로 하여금 이 여러 가지 업으로 미혹함이 없도록 하라."

사천왕이 이 말씀을 듣고 눈물을 흘리며 슬피 탄식하면서 합장하고 물러갔다.

제5 지옥의 이름

저때에 보현보살마하살이 지장보살에게 말씀드렸다.

"인자시여, 바라옵건대 천룡팔부와 미래와 현재의 일체 중생을 위하여 사바세계와 염부제의 죄고중생이 보받는 곳인 지옥의 이름과 악한 과보 받는 일들을 말씀하여 주소서. 그리하여 미래세 말법시대의 중생들로 하여금 이 과보를 알게 하여 주소서."

지장보살이 말씀하였다.

　"인자시여, 내가 이제 부처님의 위신력과 대사의 힘을 이어받아 지옥의 이름과 죄의 과보에 대하여 간략히 말하리다. 인자시여, 염부제의 동쪽에 산이 있는데 이름을 철위(鐵圍)라 하며 그 산은 어둡고 깊어 해와 달의 빛을 볼 수 없습니다. 거기에 큰 지옥이 있는데 이름이 극무간(極無間)이고, 또 지옥이 있는데 이름이 대아비(大阿鼻)고, 또 지옥이 있는데 이름이 사각(四角)이고, 또 지옥이 있는데 이름이 비도(飛刀)이고, 또 지옥이 있는데 이름이 화전(火箭)이고, 또 지옥이 있는데 이름이 협산(夾山)이고, 또 지옥이 있는데 이름이 통창(通槍)이고, 또 지옥이 있는데 이름이 철거(鐵車)이고, 또 지옥이 있는데 이름이 철상(鐵床)이고, 또 지옥이 있는데 이름이

철우(鐵牛)이고, 또 지옥이 있는데 이름이
철의(鐵衣)이고, 또 지옥이 있는데 이름이
천인(千刃)이고, 또 지옥이 있는데 이름이
철려(鐵驢)이고, 또 지옥이 있는데 이름이
양동(洋銅)이고, 또 지옥이 있는데 이름이
포주(抱柱)이고, 또 지옥이 있는데 이름이
유화(流火)이고, 또 지옥이 있는데 이름이
경설(耕舌)이고, 또 지옥이 있는데 이름이
좌수(剉首)이고, 또 지옥이 있는데 이름이
소각(燒脚)이고, 또 지옥이 있는데 이름이
담안(啗眼)이고, 또 지옥이 있는데 이름이
철환(鐵丸)이고, 또 지옥이 있는데 이름이
쟁론(諍論)이고, 또 지옥이 있는데 이름이
철수(鐵銖)이고, 또 지옥이 있는데 이름이
다진(多瞋)이라 합니다.

인자시여, 철위산 내에는 이와 같은 등

지옥의 수효가 한이 없습니다. 또 규환(叫喚)지옥·발설(拔舌)지옥·분뇨(糞尿)지옥·동쇄(銅鎖)지옥·화상(火象)지옥·화구(火狗)지옥·화마(火馬)지옥·화우(火牛)지옥·화산(火山)지옥·화석(火石)지옥·화상(火床)지옥·화량(火梁)지옥·화응(火鷹)지옥·거아(鋸牙)지옥·박피(剝皮)지옥·음혈(飮血)지옥·소수(燒手)지옥·소각(燒脚)지옥·도자(倒刺)지옥·화옥(火屋)지옥·철옥(鐵屋)지옥·화랑(火狼)지옥 등 이러한 지옥들이 있으며, 그 지옥 안에는 다시 각각 여러 소지옥이 있어서 혹은 하나 혹은 둘 혹은 셋 혹은 넷, 내지 백천이나 되기도 하며 거기의 이름도 각각 같지 않습니다.

인자시여, 여기에 있는 자는 모두가 남염부제에서 악한 짓을 한 중생들인 바 지은 업에 받는 과보가 이와 같아 업력이 심히 커서 능히 수미산을 대적하며, 능히 큰 바다보다 깊어서 능히 성스러운 도를 장애합니다. 그러므로 중생들은 설사 작은 악이라 하더라도 죄가 없다 하여 가벼이 하지 말아야 합니다. 죽은 후에 보를 받는 데 있어서는 가느다란 털끝만한 것도 모두 받는 것입니다. 아비와 자식 같은 지극히 친한 사이라도 그 길이 각각 달라 갈라서게 되며 비록 서로 만날 때가 있더라도 대신 받을 수가 없는 것입니다. 내가 이제 부처님의 위력을 입어서 다음에 지옥에서 죄고 받는 일을 대략 말하오리니 바라건대 인자는 잠깐 이 말을 들으소서.”

보현보살이 대답하였다. “내가 삼악도

의 과보를 안 지는 비록 오래이오나 이제 인자에게 말씀하여 주기를 바라는 것은 후세 말법시대에 모든 악행 중생들로 하여금 인자의 말씀하심을 듣고 하여금 부처님께 귀의하도록 하고자 하는 바입니다."

지장보살이 말씀하셨다.

"인자시여, 지옥에서 죄의 과보를 받는 그 내용이 이러합니다. 어떤 지옥은 죄인의 혀를 빼어 소로 하여금 갈게 하며, 어떤 지옥은 죄인의 심장을 빼어 야차가 먹으며, 어떤 지옥은 끓는 가마에 죄인의 몸을 삶으며, 어떤 지옥은 벌겋게 달은 구리쇠 기둥을 죄인에게 안게 하며, 어떤 지옥은 맹렬한 불길이 죄인을 불사르며, 어떤 지옥은 온통 찬 얼음뿐이며, 어떤 지옥은 끝이 없는 똥과 오줌뿐이며, 어떤 지옥은 빈틈없이 화살이 나르며, 어떤 지옥은 많은 불창으로 찌르며, 어떤 지옥은 가슴과 등을 치며, 어떤 지옥은 손과 발을 태우며, 어떤 지옥은 쇠뱀이 감으며, 어떤 지옥은 무쇠개에 쫓기며, 어떤 지옥은 모두 무쇠나귀를 타게 합니다.

인자시여, 이와 같은 고통스런 과보를 받는 데는 지옥 가운데 각각 백천 가지의 업도를 받는 도구가 있사온대 구리쇠나 철이나 돌이나 불 아님이 없습니다. 이 네 가지 물건은 중생들이 지은 여러 가지 업에 따라 나타나는 것이온대, 만약 지옥의 고통받는 일들을 자세히 말할진대 낱낱 지옥 가운데에도 다시 백천 가지 고초가 있거늘 하물며 그 많은 지옥의 일이리까.

내가 이제 부처님의 위신력과 인자의 물
으심을 받들어 대략 이만 말씀드립니다.
만약 널리 해설한다면 겁을 다하더라도
다 말하지 못하리다."

제6 부처님께서 찬탄하심

저때에 세존께서 온몸에서 큰 광명을 놓으시어 백천만억 항하의 모래수와 같은 여러 불세계를 두루 비추시며 큰 음성을 내시어서 저 여러 부처님세계에 있는 일체보살마하살과 천인과 용과 귀신과 인비인(人非人) 등에게 말씀하셨다.

"듣거라. 내 이제 지장보살마하살이 널리 시방세계의 큰 불가사의한 위신력과 자비의 힘을 나투어 일체 죄고중생을 구호하는 일을 칭양하고 찬탄하리라. 내가 멸도에 든 뒤 너희들 모든 보살마하살과 천인과 용과 귀신 등은 널리 방편을 지어 이 경을 지키어 일체 중생으로 하여금 일체 고를 여의고 모두 열반락을 얻게 하라.”

그때에 회중에 한 보살이 있었으니 이름을 보광(普廣)이라 하였는데 합장 공경하고 부처님께 말씀드렸다.

“지금 저희들은 세존께서 지장보살이 이와 같은 불가사의한 큰 위신의 덕이 있음을 찬탄하심을 뵈우옵니다. 세존이시여, 오직 바라옵건대 미래세 말법시대의 중생들을 위하사 지장보살이 인간과 천상 사람을 이익하게 하는 인과에 대하여 말씀하여 주소서. 그리하여 모든 천룡팔부와 미래세의 중생들로 하여금 부처님의 말씀을 받아지니게 하여 주옵소서.”

저때에 세존께서 보광보살과 사부중 등에게 이르셨다.

“자세히 듣고 자세히 듣거라. 내 마땅히 너희들을 위하여 지장보살이 인간과 천상사람을 이익하게 하는 복덕에 대하여 간략히 말하리라.”

보광보살이 말씀드렸다.

“감사하옵니다. 세존이시여, 간절히 듣고자 하옵니다.”

부처님께서 보광보살에게 이르셨다.

“미래세 중에 만약 선남자 선여인이 있어 이 지장보살마하살의 이름을 듣고 혹 합장하거나 찬탄하거나 예경을 드리거나 간절히 생각하고 따른다면, 이 사람은 30겁 동안 지은 죄를 초월하게 되리라. 보광이여, 만약 선남자 선여인이 있어 혹 지장보살의 형상을 그리거나 혹 흙이나 돌이나 아교나 칠이나 금이나 은이나 구리나 무쇠 등으로 이 보살의 형상을 만들어서 한 번 쳐다보거나 한 번 절하였다면, 이 사람은 백 번 33천에 태어나고 길이 악도에 떨어지지 않으리라. 설사 천상의 복이 다하여 인간에 하생하게 되더라도 오히려 국왕이 되어 큰 이익을 잃지 않으리라. 혹 어떤 여인이 있어 여인의 몸을 싫어하여 정성을 다하여 지장보살의 존상이나 흙·돌·아교·칠·구리·쇠 등으로 만든 등상 앞에 공양을 올리되 이와 같이 날마다 퇴전하지 아니하고 항상 꽃과 향과 음식과 의복과 비단과 당번과 돈과 보물 등으로 공양하면, 이 선여인은 그 받은 여자 몸의

보가 다하면 백천만 겁토록 다시는 여인이 있는 세계에 태어나지 않을 것이니 하물며 어찌 다시 여자 몸을 받으랴. 다만 자비 원력으로 중생을 제도하기 위하여 짐짓 받는 여자 몸은 말할 것이 없느니라. 이 지장보살을 공양한 힘과 지장보살의 공덕을 입은 까닭으로 이 사람은 백천만 겁으로 다시는 여자 몸을 받지 않느니라.

다음에 보광이여, 만약 어떤 여인이 있어 누추하고 병이 많은 것을 싫어하는 자는 다만 지장보살 형상 앞에 한 식경(食頃) 동안이라도 지극한 마음으로 쳐다보고 예배하면 이 사람은 천만 겁 중에 받는 바 몸과 상호가 원만하고 온갖 질병이 없을 것이며, 누추한 여인이 혹 여자 몸을 싫어하지 않는다면 곧 백천만억 생 중에 항상 왕녀가 되거나 왕비가 되거나 재상이나 명문 집안이나 큰 장자의 딸이 되어 단정하게 태어나고 모든 상호가 원만하리라. 지장보살을 지극한 마음으로 우러러보고 예배하여 얻는 바 복이 이와 같느니라.

다시 보광이여, 만약 선남자 선여인이 있어 능히 지장보살 형상을 대하여 모든 음악을 지으며 노래를 불러 찬탄하고 향화 등으로 공양하며 내지 다른 한 사람이나 많은 사람에게 권한다면, 이러한 자들은 현세와 미래세에 항상 백천의 귀신이 밤낮으로 보호함을 얻어 악한 일은 전혀 귀에 들리지도 않게 할 것이니 어찌 하물며 친히 여러 횡액을 받으랴.

다시 보광이여, 미래세 중에 만약 악인

이나 악신 악귀 등이 있어 어떤 선남자
선여인이 지장보살 형상에 귀의하여 공경
하며 공양하고 찬탄하며 예배함을 보고
혹 망령되이 꾸짖고 헐거나 공덕이나 이
익이 없다고 비방하거나, 혹은 조소하고
혹은 음해하거나 혹 다른 사람에게 권하
여 같이 옳지 않다 하거나 혹은 혼자 옳
지 않다 하거나 혹은 여러 사람과 옳지
않다 하거나, 내지 한 생각만이라도 꾸짖
고 훼방하는 마음을 낸다면, 이러한 사람
은 현겁(現劫)의 천불이 멸도하신 뒤까지
도 훼방한 죄보로 아직도 아비지옥에 떨
어져 있어 극중한 죄보를 받을 것이며, 이
겁이 지나서는 다시 아귀가 되고 또 천
겁이 지나서는 다시 축생 몸을 받으며, 또
천 겁이 지나면 바야흐로 사람 몸을 얻느

니라.

비록 사람 몸을 받았더라도 빈궁하고 하천하며 눈·귀·코 등 여러 근(根)을 갖추지 못하고 많은 악업이 맺혀 있어 오래지 않아 또 악도에 떨어지느니라. 그러므로 보광이여, 다른 사람이 공양하는 것을 훼방하고도 오히려 이러한 과보를 받거든 어찌 하물며 다른 악한 생각을 내어 훼방하고 훼멸함이랴.

다시 보광이여, 만약 미래세에 어떤 남자나 여자가 있어 오래 병이 들어 자리에 누워 살고자 하여도 될 수 없고 죽으려 하여도 마음대로 되지 않으며, 혹 꿈에 악귀가 나타나 집안과 가족들을 침범하며 혹은 험한 길에 놀기도 하고 많은 도깨비나 귀신과 함께 놀기도 하며, 이와 같이 날이 가고 달이 가고 해가 깊어지매 점점 몸이 여위어져 잠자다가도 괴로워 소리치며 처참하고 괴로워하는 자는, 이것은 다 모두 업도에서 죄업의 가볍고 무거움을 결정짓지 못하여 혹 수명을 버리기도 어렵고 혹은 병이 나을 수도 없게 되니 이것은 남녀의 속된 눈으로는 판단할 수 없느니라.

이러한 때는 다만 마땅히 모든 불보살 존상 앞에서 이 경을 높은 소리로 한 번 읽거나, 또는 병자가 가장 귀하게 여기는 물건이나 혹은 의복·보배·장원·사택 등을 가져 그 사람 앞에서 높은 소리로 외치되 "우리들 아무개 등은 병자를 위하여 불보살 존상 앞에 이 물건들을 올리며, 혹은 경이나 존상 앞에 공양하며 혹은 불보살님의 형상을 만들며, 혹은 탑이나 절을 만들며, 혹은 등불을 켜고, 혹은 부처님 도량에 헌납합니다." 이와 같이 세 번을 말하여 병자로 하여금 그 소리를 듣고 알도록 하라. 만약 병자의 모든 의식이 흩어지고 숨기운이 다한 자라면 1일 내지 2일, 3일, 4일에서 7일에 이르도록 다만 높은 소리로 이 일을 말하고 높은 소리로 경을 읽을지니라. 이 사람은 목숨이 다한 다음에 숙세의 허물과 무거운 죄가 오무간 지옥에 빠질 죄라도 영영 해탈을 얻을 것이며, 나는 곳마다 항상 숙명을 알 것이니 어찌 하물며 스스로 이 경을 쓰고 혹은 사람으로 하여금 쓰게 하며 혹은 보살의 형상을 스스로 만들거나, 그리고 내지 다른 사람들로 하여금 그리거나 만드는 선남자 선여인이랴. 그가 받을 바 과보는 반드시 큰 이익을 얻을 것이니라.

그러므로 보광이여, 네가 만약 이 경을 독송하거나 내지 일념 동안이라도 경을 찬탄하거나 공경하는 자를 보거든, 너는 모름지기 백천 방편을 베풀어 이 사람들에게 권하여 부지런히 힘써 물러감이 없도록 하라. 능히 현재와 미래에 천만억 불가사의한 공덕을 얻으리라.

다시 보광이여, 만약 미래세의 모든 중생들이 혹 꿈이나 혹 잠잘 때 모든 귀신의 여러 형상이 나타나거나 혹은 슬퍼하고 혹은 울고 근심하고 혹은 탄식하며 혹은 두려워하고 혹은 겁내는 것을 보는 자는 이것은 다 한 생이나 십 생·백 생 또는 천 생의 과거 부모와 남녀 형제와 부부나 권속들이 악취에 떨어져서 나올 길을 얻지 못하고 복력으로 구원을 얻을 희망이 없으므로 불가불 숙세골육에게 호소하여 하여금 방편을 지어 악도에서 벗어나기를 바라서이니라.

보광이여, 너는 신력으로서 너의 권속들을 보내어 모든 불보살 전에 지극한 마음으로 이 경을 스스로 읽거나 다른 사람에게 청하여 읽되 그 수효를 세 번에서 일곱 번까지 이르게 하라. 그러면 그와 같은 악도에 떨어진 권속들이 경 읽는 소리와 경 읽는 편 수를 다하매 곧 해탈을 얻으리라. 그리하여 꿈이나 잠 가운데에 길이 다시는 보이지 않으리라.

다시 보광이여, 만약 미래세에 여러 하천한 사람이 있어 혹은 남종이 되고 혹은 여종이 되며 내지 모든 자유를 잃은 자들이 숙세의 업이 마땅히 참회하여야 할 것을 깨달은 자라면, 지극한 마음으로 지장보살의 형상 앞에 우러러 예배하고 내지 7일 동안에 보살의 명호를 만 편 생각하면 이와 같은 사람들은 지금의 보가 다한 후에는 천만 생 동안에 항상 존귀한 몸으로 태어나며 다시는 삼악도의 고통을 겪지 않으리라.

다시 보광이여, 만약 미래세 가운데에 염부제 내의 바라문·찰제리·장자·거사 그밖의 모든 사람들과 성을 달리하는 종족의 새로 태어나는 자가 혹 남자이든 혹 여자이든 7일 이내에 이 부사의 경전을 읽어주고 다시 보살의 이름을 만 번 생각하여 주면 이 신생자는 혹 남자이든 혹 여자이든 비록 숙세에 허물의 죄보가 있더라도 문득 해탈을 얻게 되어 안락하게 잘 성장하며 수명은 더욱 늘어날 것이니라. 만약 그가 복을 받아 태어난 자라면 더욱 안락과 수명이 더 하느니라.

다시 보광이여, 미래세 중생은 달마다 1일, 8일, 14일, 15일, 18일, 23일, 24일, 28일, 29일과 30일의 이 날들은 모든 죄를 모아 그 가볍고 무거운 것을 결정하느니라. 대개 남염부제 중생들은 몸을 일으키고 생각을 움직임이 업 아님이 없으며 죄 아님이 없으니 하물며 어찌 방자한 마음으로 산 목숨을 죽이거나 해롭게 하며 도둑질하고 사음을 하며 망언을 하는 백천 가지 죄상이랴.

만약 능히 십재일(十齋日)에 불보살님과

모든 성현의 존상 앞에서 이 경을 한 번 읽으면 동서남북 백 유순 내에서는 모든 재앙과 고난이 없으며, 그가 사는 집안에 어른이나 어린이가 현재나 미래 백천 세 중에 길이 악취를 여의게 되느니라. 능히 십재일마다 한 번씩만 읽으면 현세에 그가 사는 집안에 아무런 횡액이나 병고가 없으며 의식이 풍족할 것이니라. 이 까닭에 보광이여, 마땅히 알지라. 지장보살은 이와 같은 등 불가설 백천만억의 대위신력과 이익되는 일이 있으며 염부제 중생들은 모두가 이 대사와 큰 인연이 있느니라. 그러므로 이 모든 중생들이 지장보살의 이름을 듣거나 지장보살의 형상을 보거나, 내지 이 경의 글자를 석 자 다섯 자 혹은 한 게송이나 한 글귀를 들은 자는 현세에 뛰어나게 묘한 안락을 얻을 것이며 미래세 백천만 생 동안에 항상 단정함을 얻고 존귀한 가문에 태어나느니라.”

저때에 보광보살이 부처님께서 지장보살을 칭양하고 찬탄하심을 듣고 무릎을 꿇고 합장하면서 다시 부처님께 말씀드렸다.

“세존이시여, 저는 오래 전부터 이 대사의 불가사의한 신력과 큰 서원력을 알고 있사오나 미래 중생들을 위하여 저들에게 이익이 되게 하고자 짐짓 부처님께 묻사옵고 오직 받들어 지니고자 하옵니다. 세존이시여, 마땅히 이 경의 이름을 무엇이라 하오며 저희들이 어떻게 유포하오리까?”

부처님께서 보광에게 이르셨다.

“이 경은 이름이 셋이니라. 하나는 지장본원(本願)이며, 또 한 이름은 지장본행(本行)이며, 또 한 이름은 지장본서력경(本誓力經)이니라. 이는 이 보살이 구원겁으로 내려오면서 크고 중한 원을 발하여 중생들을 이익하게 함을 인연함이니 이 까닭에 너희들은 이 원에 의지하여 유포할지니라.”

보광이 부처님의 말씀을 듣고 합장 공경하고 예배한 다음 물러갔다.

제7 죽은 이와 산 사람을 함께 이익되게 함

저때에 지장보살마하살이 부처님께 말씀드렸다.

"세존이시여, 제가 이 염부제에 사는 중생들을 관하옵건대 저들은 발을 들고 생각을 일으키니 그 모두가 죄 아님이 없사옵니다. 저들은 설사 선(善)한 이익을 만나더라도 대개가 처음 마음에서 퇴타합니다. 그리하여 만약 악한 인연을 만나면 생각생각 악한 인연을 더해갑니다.

이러한 무리들은 마치 무거운 돌을 지

고 진흙길을 걷는 거와 같아서 갈수록 피곤하며 갈수록 무겁고 발은 깊은 수렁에 빠져듭니다. 다행히 선지식을 만나게 되면 선지식이 짐을 덜어서 져주기도 하며, 혹은 짐 모두를 온전히 대신 져주기도 합니다. 이런 선지식은 큰 힘이 있기 때문에 다시 그를 붙들고 도우며 그에게 구원하여, 그의 힘을 굳세게 하고 그러다가 평지에 이르게 되면 반드시 지나온 나쁜 길을 돌이켜 살펴보아 다시는 그런 길을 밟지 않도록 하여 줍니다.

세존이시여, 악한 일을 익힌 중생들은 가는 터럭 끝만한 사이라도 곧 한량없는 죄에 이르게 됩니다. 이 모든 중생들은 이와 같은 습성이 있으므로 목숨이 마칠 때에 다다르면 부모나 그의 권속이 그를 위하여 복을 베풀어서 그의 앞길을 도와주기도 하며, 혹은 번(幡)과 일산을 걸기도 하고 등불을 밝히기도 하며 혹은 존중하온 경전을 독송하기도 하고 혹은 부처님과 모든 성인존상 앞에 공양을 올리며 이와 같이 하여 내지 불보살과 벽지불의 명호를 생각하되 한 부처님의 명호를 한 번 부르더라도 임종하는 사람의 귀를 지나가게 되거나 혹은 본식에서 듣게 되니, 이 모든 중생이 지은 바 악한 업은 그 과보를 헤아린다면 반드시 악취에 떨어질 것이오나 이와 같이 권속들이 임종하는 사람을 위하여 이 성스러운 인연을 닦았으므로 이와 같은 모든 죄가 다 소멸되옵니다.

만약 다시 그를 위하여 죽은 후 7·7일

내에 널리 여러 가지 착한 공덕을 닦아주면 능히 이 모든 중생들로 하여금 길이 악취에서 떠나게 되오며 인간이나 천상에 태어나 수승한 묘락을 받게 되오며, 다시 살아 있는 권속들도 이익이 한량이 없사옵니다. 이런 까닭에 제가 이제 감히 부처님과 천룡팔부와 인비인 등에 대하여 저들 염부제 중생들에게 권하여 임종하는 날 삼가 산 목숨을 살해하거나 악한 인연을 짓지 말며, 귀신이나 여러 도깨비 앞에 제사 지내거나 예배하지 말게 하심을 바라옵니다.

왜냐하오면 저 산 목숨을 죽이거나 내지 귀신 등을 제사하고 절하는 것으로는 실오라기만한 힘도 망인에게 이익됨이 없을 뿐더러 다만 죄보 인연만 맺게 되고 더욱 죄업 인연만 중하게 되기 때문입니다. 설혹 내세나 혹은 현재 생이 성스러운 인연을 얻게 되어 인간이나 천상에 태어날 수 있게 되더라도 임종할 때에 그의 여러 권속이 지은 악한 인연과 다시 그 사람이 지은 바 여러 가지 허물 때문에 그가 좋은 곳에 태어나는 것을 더디게 만듭니다.

그러하옵거늘 어찌 하물며 임종하는 사람이 생전에 일찍이 자그마한 선근도 없었다면 그는 각기 자기 본업에 따라 스스로 악취를 받아가게 되옵거든 어찌 차마 권속들이 다시 그의 업을 더하게 하오리까. 비유컨대 어떤 사람이 먼 곳에서 왔는데 양식이 떨어진 지가 3일이나 되고 짊어진 짐은 무게가 백근이 지나거든, 여기에 문득 이웃 사람을 만나서 다시 자그마한 물건이라도 더 붙인다면 더욱더욱 곤란만 중하게 되지 않겠사옵니까.

세존이시여, 제가 염부제 중생을 관하오니 어떤 중생이 혹 능히 모든 부처님의 가르침 가운데서 설사 한 터럭, 한 물방울, 한 모래알, 한 티끌만한 선한 일을 하였다면 이로 인한 이익은 그 모두를 그 중생 자신이 얻게 되옵니다.”

이 말을 할 때에 회중에 한 장자가 있었으니 이름은 대변(大辨)이라 하였다. 이 장자는 오래 전부터 무생(無生)의 법을 얻어 시방중생을 교화하였는데 장자의 몸을 나투어서 합장 공경하면서 지장보살에게 말하였다.

“대사이시여, 이 남염부제 중생들이 명

을 마친 뒤에 그의 권속들이 공덕을 닦아 주거나 내지 재를 베풀고 여러 가지 선한 인을 지으면 죽은 사람이 큰 이익을 얻고 해탈할 수 있으오리까?"

지장보살이 대답하였다. "장자시여, 내가 이제 미래와 현재의 일체 중생을 위하여 부처님의 위신력을 받들어 그에 대하여 대략 말하오리다. 장자시여, 미래나 현재의 모든 중생들이 목숨이 마치는 날, 한 부처님의 명호나 한 보살의 명호나 한 벽지불의 명호를 들었으면 그 사람의 죄가 있고 없고를 묻지 아니하고 모두 해탈을 얻습니다.

혹 어떤 남자나 여인이 생전에 선한 일을 닦지 아니하고 여러 가지 죄만 많이 지었더라도, 목숨이 마친 뒤에 그의 멀고 가까운 권속들이 그를 위하여 복을 닦아 주면 그 모든 거룩한 공덕의 7분의 1을 망인이 얻으며 나머지 6분의 공덕은 산 사람 스스로의 차지가 됩니다. 이런 고로 미래나 현재의 선남 선녀들은 이 말을 순직하게 듣고 스스로 닦으면 그 공덕은 모두를 얻게 됩니다.

장자시여, 대개 무상(無常)의 큰 귀신은 기약함이 없이 닥쳐오는 것이니 그런 때 중생들은 어두컴컴한 속을 헤매나 스스로의 죄와 복을 알지 못하고 7·7일 동안을 바보인 듯 귀머거리인 듯 되었다가 혹 중생의 죄업을 맡은 데서 그의 업과(業果)를 변론하고 심리 결정한 뒤에 그의 업대로 다시 생을 받습니다. 그 사이 스스로의 앞길을 예측할 수 없는 동안에 근심과 고통은 천만 가지가 되는 것인데 하물며 여러 악취에 떨어졌을 때이리까. 이 목숨을 마친 사람이 아직 새로운 생을 얻지 못하는 7·7일 동안에 있어서는 생각생각에 그의 혈육과 권속들이 그를 위하여 복을 지어 고통에서 구원하여 주기를 바랄 뿐이다가 이윽고 그날이 지나면 마침내 업을 따라 보를 받습니다. 그가 만일 죄인이라면 천만 년을 지나도록 해탈할 날이 없게 됩니다. 만약 오무간 죄를 지어서 대지옥에 떨어진다면 천 겁 만 겁으로 길이 온갖 고통을 받게 됩니다.

다시 장자시여, 이러한 죄업 중생들이 목숨을 마친 뒤에 그의 혈육과 권속들이 망인을 위하여 재를 베풀고 선업을 닦을 때는, 아직 재식을 마치지 않았거나 재를 지내고 있을 때에 쌀뜨물이나 채소 등을 땅에 버리지 말 것이며 내지 모든 음식을 아직 부처님이나 스님들께 올리지 아니한 것은 먼저 먹지 말아야 하오니, 만약 이를 어기어 먼저 먹거나 정근하지 아니하면 이 망인은 마침내 복력을 얻지 못하게 되고 여법하게 정근하고 조출하게 받들며 부처님과 스님께 받들어 올리면 이 명을 마친 사람은 그 공덕의 7분의 1을 얻게 됩니다.

장자시여, 그러므로 염부제 중생이 만약 능히 그의 부모나 권속을 위하여 그가 목숨을 마친 뒤에 재를 베풀고 공양하되 지극한 마음으로 부지런히 정성을 다하여야 하니, 이와 같이 하면 산 사람과 죽은 사람이 다 함께 큰 이익을 얻게 됩니다.”

　이 말씀을 하실 때 도리천궁에 있던 천만억나유타의 염부제 귀신들이 모두 무량한 보리심을 발하였고, 대변장자는 환희하여 가르침을 받들어 절을 하고 물러갔다.

제8 염라왕의 무리가 찬탄함

저때에 철위산 안에 한량없는 귀왕이 있었더니 염라천자와 더불어 다 함께 도리천에 올라와 부처님 처소에 이르렀다. 이른바 악독(惡毒)귀왕·다악(多惡)귀왕·대쟁(大爭)귀왕·백호(白虎)귀왕·혈호(血虎)귀왕·적호(赤虎)귀왕·산앙(散殃)귀왕·비신(飛身)귀왕·전광(電光)귀왕·낭아(狼牙)귀왕·천안(千眼)귀왕·담수(啗獸)귀왕·부석(負石)귀왕·주모(主耗)귀왕·주화(主禍)귀왕·주복(主福)귀왕·주식(主食)귀왕·

주재(主財)귀왕·주축(主畜)귀왕·주금(主禽)귀왕·주수(主獸)귀왕·주매(主魅)귀왕·주산(主產)귀왕·주명(主命)귀왕·주질(主疾)귀왕·주험(主險)귀왕·삼목(三目)귀왕·사목(四目)귀왕·오목(五目)귀왕·기리실(祁利失)왕·대기리실(大祁利失)왕·기리차(祁利叉)왕·대기리차(大祁利叉)왕·아나타(阿那吒)왕·대아나타(大阿那吒)왕   이러한 등 대귀왕들이 각각 백천의 여러 소귀왕과 더불어 모두 염부제에 살고 있어서 그들은 각각 맡은 바가 있고 머무는 곳이 있었다.

이들 여러 귀왕들은 염라천자와 더불어 부처님의 위신력과 지장보살마하살의 거룩한 힘을 받들어 다 함께 도리천에 이르러 한 쪽에 서 있었다. 그때에 염라천자가 꿇어앉아 합장하고 부처님께 말씀드렸다.

"세존이시여, 저희들은 지금 여기 모든 귀왕들과 더불어 부처님의 위신력과 지장보살마하살의 힘을 받자옵고 바야흐로 이 도리천의 성스러운 법회에 참례하였사오니 이는 저희들이 선한 이익을 얻기 위해서입니다. 저희가 이제 작은 의심이 있어 감히 세존께 묻사오니 바라옵건대 세존께서는 자비로서 말씀하여 주소서."

부처님께서 염라천자에게 이르셨다.

"네가 마음대로 물어라. 너를 위하여 말하여 주리라."

이 때에 염라천자가 세존을 우러러 예배하고 또한 지장보살을 돌아보고 부처님께 말씀드렸다.

"세존이시여, 제가 지장보살을 관하옵

건대 육도 중에 계시오면서 백천 가지 방편으로 죄고중생을 제도하시며 피로도 괴로움도 사양하지 않으시옵니다 이 대보살은 이와 같은 불가사의한 신통한 일이 있사오나 모든 중생들은 잠시 그 죄보에서 벗어났다가도 오래지 아니하여 또 악도에 떨어지고 있습니다. 세존이시여, 이 지장보살은 이미 이와 같은 불가사의한 신력이 있사온대 어찌하여 중생들이 선도에 의지하여 영원한 해탈을 얻지 않사옵니까? 바라옵건대 세존이시여, 저희들을 위하여 해설하여 주소서."

부처님께서 염라천자에게 이르셨다.

"남염부제 중생들은 그 성질이 억세고 거칠어서 조복하기 어려우나 이 대보살이 백천 겁으로 이와 같은 중생들을 낱낱이

구원하여 일찍 해탈토록 하느니라. 이 죄
보인과 내지 큰 악취에 떨어진 자까지라
도 보살이 방편력으로써 그들의 근본 업
연에서 구출하여 그들의 숙세의 일을 깨
닫도록 해주건만, 이 염부제 중생들은 악
습에 젖음이 중하여서 나왔다가는 다시
들어가 이 보살을 수고롭게 하고 오랜 겁
수를 지낸 다음에야 해탈을 얻느니라.

　비유하건대 어떤 사람이 그의 본집을
잊고 잘못하여 험한 길에 들어섰는데 그
험한 길 도중에는 여러 야차와 호랑이와
늑대와 사자와 도마뱀과 독사가 많았다.
이 길잃은 사람이 험한 길에 들어서매 잠
깐 사이에 여러 독한 것들을 만나게 되었
을 때에 그때 한 선지식이 있어서 큰 술
법을 알고 있어 저 모든 독과 야차와 여

러 악독한 것들을 잘 물리칠 수 있었더니,
미한 사람이 그 험한 길로 나아가고자 하
는 것을 보고 말하였다.
　'답답하다 이 사람아, 무슨 일로 이 길
로 들어섰는고. 어떤 기특한 술법이라도
가지고 있어 능히 이 여러 독물을 제어할
수 있다는 것인가' 하매 이 길잃은 사람이
그 말을 듣고 문득 험한 길에 들어선 것
을 비로소 알고 곧 물러서서 이쪽 길로
나오고자 하였다. 그때에 이 선지식이 그
를 부축하고 손을 잡아 험한 길에서 끌어
내어 여러 악독한 것을 벗어나 안전한 길
에 이르러 그를 편안하게 하고나서 그에
게 말하였다. '답답하다 어리석은 사람
아, 이제부터 이후는 결코 이 길로 오지
마라. 이 길에 들어서는 자는 좀체로 빠져

나오기 어려우며 다시 생명까지 다치게 되느니라.' 이 말을 듣고 길을 미한 사람도 마음에 깊은 감동을 받았다. 헤어짐에 다달아 선지식은 또 말하기를 '만약 그대의 친지나 길가는 사람들의 혹 남자나 여자를 보거든 이 길에는 여러 악독한 것이 많아서 생명을 잃게 된다고 말해주어 그들로 하여금 스스로 죽음을 취하지 않도록 하시오'한 거와 같느니라.

이 까닭에 지장보살은 대자비를 갖추어서 죄고에 빠진 중생들을 구출하여 천상이나 인간에 태어나게 하여 묘락을 누리게 하며, 이 모든 죄고중생들이 업도의 괴로움을 알아 악도에서 벗어나 길이 다시는 그 길을 밟지 않게 하나니, 이것은 저 길을 잃은 사람이 험한 길로 잘못 들어갔을 때 선지식을 만나 이끌려 나오게 되어 길이 다시 들어가지 아니하며 다른 사람을 만나서도 또한 들어가지 말도록 권하며 스스로는 이 미함으로 인하여 해탈을 얻게 되고 마침내 다시는 악도에 들어가지 않는 거와 같느니라.

그러나 만약 다시 두 번 그 길을 밟는다면 아직도 미혹 가운데 있는 것이라 일찍이 예전에 빠졌던 험한 길을 깨닫지 못하고서 혹은 목숨을 잃게 되느니라. 저 악취에 떨어진 중생을 지장보살은 방편력을 베풀어 저들로 하여금 해탈케 하여 인간이나 천상에 태어나게 하나 저들은 다시 돌고 돌아 또 악도에 들어가나니 그와 같이 만약 업이 중하면 길이 지옥에 빠지게 되어 해탈할 때가 없게 되느니라."

그때에 악독귀왕이 합장 공경하고 부처님께 말씀드렸다.

"세존이시여, 저희들 여러 귀왕들은 그 수효가 한량이 없사온대 염부제에 있으면서 혹은 사람에게 이익하게 하기도 하고, 혹은 사람에게 손해를 주기도 하여 각각 같지가 않습니다. 그러나 이것은 저희들의 업보이옵니다. 저희들은 권속들로 하여금 여러 세계를 돌아다니게 하니 악은 많고 선한 것은 적습니다.

사람의 가정을 지나거나 혹은 성읍이나 촌락이나 장원이나 방사를 지날 때, 혹 어떤 남자나 여인이 있어 머리털만한 공덕을 닦거나 내지 번 한 개 일산 한 개라도 걸거나, 자그마한 향이나 꽃을 가져 부처님이나 보살존상에 공양하거나, 혹은 존중하온 경전을 독송하거나, 향을 사루어 부처님 법문의 한 구절이나 한 게송이라도 공양하면, 저희들 귀왕이 이 사람을 경례하옵기를 저 과거 현재 미래의 모든 부처님께와 같이 하옵니다. 그리고 여러 소귀에게 영을 내려 각각 큰 힘이 있는 자와 토지를 맡은 자들에게 시켜 보호케 하여 하여금 악한 일이나 횡액이나 악한 병들이나 내지 뜻과 같지 않은 일들이 그 집 가까이에 이르지 못하게 하옵거든 어찌 하물며 그 문 안에 들게 하오리까.”

부처님께서 귀왕을 찬탄하시었다. “착하고 착하다. 너희들과 염라천자가 더불어 이와 같이 능히 선남 선녀 등을 옹호하니 여래도 역시 범왕과 제석에게 일러서 너희들을 보호하게 하리라.”

　이 말씀을 하실 때 회중에 한 귀왕이 있어서 이름을 주명(主命)이라 하였는데 부처님께 말씀드렸다.

　"세존이시여, 저의 본래 업연이 염부제 사람들의 수명을 관장하고 있사옵니다. 저들이 날 때와 죽을 때, 제가 다 그를 주관하옵니다. 저의 본래의 원이온 즉 되도록 저들을 이익케 하고자 하오나 중생들이 스스로 저의 뜻을 알지 못하고 다들 날 때나 죽을 때나 편안하지를 못합니다.

　왜냐하오면 이 염부제의 사람들이 처음 태어날 때에 남녀를 불문하고 혹 출산시에 다만 착한 일을 지어서 집안에 덕을 더하면 자연히 토지신이 한량없이 환희하여 그 모자(母子)를 옹호하게 되오니 크게 안락하고 권속들이 함께 이익을 얻게 되옵니다. 그리하여 이미 자식을 낳은 뒤에는 삼가 살생을 말아야 할 것이온대, 여러 신선한 맛을 취하여 산모에게 먹이며 또한 많은 권속들이 모여 술마시고 고기를 먹으며 노래를 부르고 풍악을 잡히고 즐긴다면 모자(母子)가 함께 안락하지 못하게 되옵니다.

왜냐하오면 아기를 낳을 때 무수한 악한 귀신과 이매(魑魅) 망량(魍魎) 같은 잡귀들이 비린내 나는 피를 먹고자 하거늘 제가 미리 사택신(舍宅神)과 토지신으로 하여금 모자(母子)를 잘 보호하고 조치하도록 하여금 안락하게 하고 이익을 얻게 하옵니다. 이와 같은 사람들이 안락함을 얻었으면 마땅히 복을 베풀어 여러 토지신들에게 보답하여야 할 것인데도, 도리어 산 목숨들을 살해하고 권속들이 다 함께 살생을 하게 되니 허물을 범하고 스스로 받을 뿐더러 아기와 어머니에게까지도 함께 손해를 줍니다.

또 염부제 사람들이 목숨을 마치게 되면 그 사람의 선악을 묻지 않고 저 죽은 사람으로 하여금 악도에 떨어지지 않도록 하고 있사온대 하물며 망인이 스스로 선근을 닦는다면 저의 힘을 더하여 주는 것이 되오니 어찌 다행이 아니오리까. 그러하오나 이 염부제에서 선을 행한 사람도 임종할 때에는 역시 백천이나 되는 악도에 빠진 귀신들이 부모나 모든 권속의 형상으로 변하여 나타나 망인을 이끌어 악도에 빠지도록 하거늘 어찌 하물며 본래부터 악을 지은 자이리까.

세존이시여, 이와 같은 염부제의 남자나 여자들은 임종할 때에 신식(神識)이 혼매하여 선악을 분간하지 못하오며, 내지 눈으로나 귀로나 아무 것도 보고 듣는 것이 없사옵니다. 이러하오므로 그의 모든 권속들은 마땅히 큰 공양을 베풀고 존중하온 경전을 읽으며 불보살의 명호를 생각하여야 하오니, 만약 이와 같이 훌륭한 인연을 지으면 능히 망령으로 하여금 모든 악도를 여의게 하며 모든 마군과 귀신들이 모두 흩어져 가게 되옵니다.

세존이시여, 일체 중생이 임종할 때에 만약 한 부처님 명호나 한 보살님 명호를 듣거나, 혹 대승경전의 한 구절이나 한 게송을 듣는다면 제가 이러한 사람들을 살펴 오무간 지옥에 떨어질 산 목숨을 죽인

죄를 제하고는 그밖의 소소한 악업으로
악취에 떨어질 자들은 모두 해탈을 얻게
하겠습니다.”

부처님께서 주명귀왕에게 이르셨다.
“네가 대자비로 능히 이와 같은 큰 원을
발하여 생사 중에 있는 여러 중생들을 보
호하는구나. 만약 미래세 중에 어떤 남자
나 여자나 생사지경에 이르렀을 때에는
네가 결코 이 원에서 물러서지 말고 모두
를 해탈시켜 길이 안락을 얻게 하라.”

귀왕이 부처님께 말씀드렸다. “바라옵
건대 세존이시여, 염려를 마시옵소서. 제
가 이 형상이 다할 때까지 생각생각에 염
부제 중생들을 옹호하여, 살았을 때나 죽
었을 때나 함께 안락을 얻도록 하겠습니
다. 다만 모든 중생이 나고 죽을 때에 저

의 말을 믿고 받아들이기를 바라오며 그러하오면 해탈하지 아니함이 없고 큰 이익을 얻을 것이옵니다."

저때에 부처님께서 지장보살에게 이르셨다.

"이 주명이라는 대귀왕은 이미 일찍이 백천 생 동안을 지나도록 대귀왕이 되어 나고 죽는 가운데서 중생을 옹호하였느니라. 이 대사의 자비원력인 까닭에 현재 대귀의 몸을 나투었어도 실로는 귀신이 아니니라. 이 뒤로 백칠십 겁을 지나서 주명은 마땅히 성불할 것이니 호를 무상여래(無常如來)라 하고 겁(劫)의 이름을 안락이라 하며 세계의 이름은 정주(淨住)이고, 그 부처님의 수명은 가히 헤아릴 수 없는 겁이 되리라. 지장이여, 이 대귀왕의 일이

이와 같이 불가사의하며 그가 제도한 바
천상 사람과 세간 사람도 또한 가히 한량
이 없느니라.”

제9 부처님의 명호를 일컬음

저때에 지장보살마하살이 부처님께 말씀드렸다.

"세존이시여, 제가 이제 미래 중생을 위하여 이익이 되는 일을 말하여 생사고해 중에서 큰 이익을 얻게 하고자 하오니, 바라옵건대 세존께서는 제가 말하는 것을 허락하여 주소서."

부처님께서 지장보살에게 이르셨다.

"네가 이제 자비심을 일으켜 죄고에 빠진 일체 육도 중생을 구출하고자 부사의한 일을 말하고자 하는구나. 지금이 바로 그때이니 마땅히 속히 설하라. 나는 곧 열반에 들 것이니 너로 하여금 일찍이 이 원을 다 이루게 되면 나도 또한 현재와 미래의 일체 중생에 대하여 근심을 놓게 되리라."

지장보살이 부처님께 말씀드렸다.

"세존이시여, 과거 무량 아승지 겁에 부처님께서 세간에 출현하시니 호를 무변신여래(無邊身如來)라 하였사옵니다. 만약 어떤 남자나 여인이 있어 이 부처님의 명호를 듣고 잠시 동안이라도 공경심을 내면, 사십 겁의 생사 중죄를 모두 초월하게 되옵거든, 어찌 하물며 그 부처님의 형상을 만들거나 그리거나 하여 공양하고 찬탄함이오리까. 그 사람은 한량없고 가없는 복을 얻겠사옵니다.

또 과거 항하 사겁에 부처님이 계셔서 세간에 출현하셨으니 호를 보성여래(寶性如來)라 하였사옵니다. 만약에 어떤 남자나 여인이 있어서 이 부처님의 명호를 듣고 손가락 한 번 튀기는 사이라도 발심하여 귀의하면, 이 사람은 무상도에서 길이 퇴전하지 않사옵니다.

또 과거세에 부처님이 계셔서 세간에 출현하셨으니 호를 파두마승여래(波頭摩勝如來)라 하였사옵니다. 혹 어떤 남자나 여인이 있어 이 부처님의 명호를 듣고 귀를 지나가게 되면 이 사람은 마땅히 육욕천(六欲天)에 천 번 태어나게 되옵거든, 어찌 지극한 마음으로 부처님의 명호를 생각하고 일컬음이오리까. 또 과거 불가설불가설 아승지 겁에 부처님이 계셔서 세간에 출현하셨으니 호를 사자후(獅子吼) 여래라 하였사옵니다.

만약 어떤 남자나 여인이 있어 이 부처님의 명호를 듣고 일념으로 귀의하면 이 사람은 한량없는 여러 부처님의 마정(摩頂)수기를 얻게 되옵니다. 또 과거세에 부처님이 계셔서 세간에 출현하셨으니 호를 구류손불(拘留孫佛)이라 하였사옵니다. 만약 어떤 남자나 여인이 있어 이 부처님의 명호를 듣고 지극한 마음으로 우러러 예배하거나 혹은 다시 찬탄하오면, 이 사람은 현겁(賢劫)의 천 부처님 회상에서 대범왕(大梵王)이 되어 으뜸가는 수기를 받을 것이옵니다. 또 과거세에 부처님이 계셔서 세간에 출현하셨으니 호를 비바시불

(毘婆尸佛)이라 하였사옵니다.

만약 어떤 남자나 여인이 있어 이 부처님의 명호를 들으면 길이 악도에 떨어지지 아니하고 항상 인간이나 천상에 태어나 수승한 묘락을 누리게 되옵니다. 또 과거 무량무수 항하사 겁에 부처님이 계셔서 세간에 출현하셨으니 호를 보승여래(寶勝如來)라 하였사옵니다. 만약 어떤 남자나 여인이 있어 이 부처님의 명호를 들으면 마침내 악도에 떨어지지 아니하고 항상 천상에서 수승한 묘락을 누리게 되옵니다.

또 과거세에 부처님이 계셔서 세간에 출현하셨으니 호를 보상여래(寶相如來)라 하였사옵니다. 만약 어떤 남자나 여인이 있어 이 부처님의 명호를 듣고 공경심을

내오면 이 사람은 오래지 않아 아라한과
를 얻게 되옵니다. 또 과거 무량아승지 겁
에 부처님이 계셔서 세간에 출현하셨으니
호를 가사당여래(袈裟幢如來)라 하였사옵니
다. 만약에 어떤 남자나 여인이 있어 이
부처님의 명호를 듣는다면 곧 일백 대겁
(大劫) 동안의 생사중죄를 초월하게 되옵
니다.

또 과거세에 부처님이 계셔서 세간에
출현하셨으니 호를 대통산왕여래(大通山王
如來)라 하였사옵니다. 만약 어떤 남자나
여인이 있어 이 부처님의 명호를 듣는다
면 이 사람은 항하의 모래수의 부처님께
서 널리 그를 위하여 설법하심을 만나게
되어 반드시 보리를 이루게 되옵니다. 또
과거세에 정월불(淨月佛)·산왕불(山王佛)·

지승불(智勝佛)·정명왕불(淨名王佛)·지성취불(智成就佛)·무상불(無上佛)·묘성불(妙聲佛)·만월불(滿月佛)·월면불(月面佛) 등 이러한 말할 수 없는 부처님이 계셨습니다.

세존이시여, 현재나 미래의 일체 중생 가운데 혹 천상 사람이나 혹 인간이나 혹 남자나 여자나 다만 한 부처님 명호만 염하여도 공덕이 한량이 없사옵거늘 어찌 하물며 많은 부처님 명호를 생각함이오리까. 이 중생들은 살았을 때나 죽었을 때나 스스로 큰 이익을 얻어 마침내 악도에 떨어지지 아니하옵니다.

만약 목숨을 마치는 사람이 있어서 그의 집안의 권속들이나 내지 한 사람만이라도 이 병자를 위하여 높은 소리로 한 부처님 명호만 염하여도, 명을 마치는 사람은 오무간죄의 대죄를 제하고 나머지 업보는 모두 다 소멸되오며, 이 오무간죄는 비록 지극히 중하여 자칫하면 억겁을 지나도록 마침내 나올 수 없는 것이오나, 이 사람이 목숨을 마칠 때에 타인이 그를 위하여 부처님 명호를 생각하고 염한다면 이러한 중죄도 점점 소멸되었거늘 어찌 하물며 중생이 스스로 부르고 스스로 염함이오리까. 한량없는 복을 얻고 한량없는 죄를 멸하게 되옵니다.”

제10 보시한 공덕을 헤아림

저때에 지장보살마하살이 부처님의 위신력을 받들어 자리에서 일어나 무릎을 꿇고 합장하고 부처님께 말씀드렸다.

"세존이시여, 제가 업도중생의 보시한 공덕을 헤아려 보온 바, 혹 가벼운 자도 있으며 혹 중한 자도 있어서 어떤 자는 일생 동안 복을 받기도 하고, 어떤 자는 십생 동안 복을 받기도 하며 어떤 자는 백생 천생 동안 대복리를 받는 자도 있사온대 이것은 어찌한 까닭이옵니까? 바라옵건대 세존이시여, 저를 위하여 말씀하여 주소서.”

저때에 부처님께서 지장보살에게 이르셨다. “내가 이제 이 도리천궁의 일체 대중이 모인 이 모임에서 염부제에서 보시한 공덕의 가볍고 중한 것을 헤아려 말하리라. 너는 마땅히 자세히 듣거라. 내 너를 위하여 말하리라.”

지장보살이 부처님께 말씀드렸다.

“저는 그 일에 대하여 궁금합니다. 기꺼이 듣고자 하옵니다.”

부처님께서 지장보살에게 이르셨다.

“남염부제의 여러 국왕이나 재상 대신이나 큰 장자나 큰 찰제리나 대바라문 등이 가장 빈궁한 자를 만나거나 내지 꼽추나 벙어리나 귀머거리나 소경 등 이러한 가지가지 불구자들을 만나 이 대국왕 등이 보시하고자 할 때, 만약 능히 대자비심을 갖추어 하심하며 웃음을 머금으면서 친히 자기 손으로 널리 보시하거나 혹은 사람을 시켜 베풀되 부드러운 말로 위로하면 이 국왕 등이 얻는 바 복리는 저 백항하의 모래 수효 부처님께 보시한 공덕과 같느니라. 왜냐하면 이 국왕 등이 이 가장 빈천한 무리들과 불구자들에게 큰 자비심을 발한 까닭이니 이 까닭에 얻는 바 복리가 이와 같은 복보가 되나니라. 백천생 중에 항상 칠보가 구족함을 얻을 것이니 어찌 하물며 의식의 수용을 말할까보냐.

다음에 지장이여, 만약 미래세에 여러 국왕이나 내지 바라문 등이 부처님의 탑이나 절이나 혹은 부처님의 형상이나 내지 보살·성문·벽지불들의 존상을 만나 몸소 공양과 보시를 경영하면 이 국왕 등은 마땅히 세 겁 동안 제석천왕의 몸을 받아 수승한 묘락을 누리리라. 만약 능히 이 보시한 복리를 가져 법계에 회향하면 이 큰 국왕 등은 십겁 중에 항상 대범천왕이 되리라.

다음에 지장이여, 만약 미래세에 여러 국왕과 내지 바라문 등이 옛 부처님의 탑묘를 만나거나 혹은 경전이나 존상이 허물어지거나 파락한 것을 보았을 때, 곧 능히 발심하여 보수하되 이 국왕 등이 혹 스스로 경영하거나 혹은 타인에게 권하고 내지 백천인 등에게 보시 인연을 맺어주면, 이 국왕 등은 백천생 중에 항상 전륜왕(轉輪王)의 몸을 받을 것이며, 이와 같이 다른 사람들과 함께 보시한 자는 백천 생 중에 항상 작은 국왕의 몸을 받게 되며, 다시 능히 탑묘 앞에서 회향심을 발한 이와 같은 국왕들과 여러 사람들은 모두가 불도를 이루리니 이와 같은 받는 바 과보는 한량이 없고 가이 없느니라.

다음에 지장이여, 미래세 중에 여러 국왕과 바라문 등이 여러 늙고 병든 이와 출산하는 부녀 등을 보고, 만약 일념 동안이라도 대자비심을 내어 의약·음식·와구 등을 보시하여 하여금 안락하게 하여 주면, 이와 같은 복리는 가장 커서 가히 생각할 수 없느니라. 일백겁 중에 항상 정거천주(淨居天主)로 태어나며 이백겁 동안 육욕천주(六欲天主)로 태어나서 길이 악도에 떨어지지 아니하며, 내지 백천생 중에 귀로 괴로운 소리를 듣지 않을 것이며 필경 성불하느니라.

다음에 지장이여, 만약 미래세 중에 여러 국왕과 바라문 등이 있어서 능히 이와 같이 보시를 지으면 복을 얻음이 한량이 없으니, 다시 능히 회향하면 많고 적고를 묻지 아니하고 필경 성불할 것이니 어찌 하물며 제석이나 범천이나 전륜왕의 과보이랴. 그러므로 지장이여, 그대는 널리 중생들에게 권하여 마땅히 이와 같이 배우게 할지니라.

다음에 지장이여, 미래세 중에 혹 선남자 선여인이 있어 불법 가운데서 자그마한 선근 심기를 머리터럭이나 모래알이나 티끌만큼 하였다 하더라도 받는 바 복리는 가히 비유할 수 없느니라.

다시 지장이여, 미래세 중에 만약 선남자 선여인이 있어 부처님의 존상이나 보살·벽지불·전륜성왕의 존상을 만나 보시 공양하면, 한량없는 복을 얻을 것이며 항상 인간이나 천상에 태어나서 수승한 묘락을 받게 되느니라. 만약 능히 법계에 회향하면 이 사람의 복리는 가히 비유할 수 없느니라.

다음에 지장이여, 미래세 중에 만약 선남자 선여인이 있어 대승 경전을 만나 혹 한 게송이나 한 구절을 듣고 은중심을 발하여 찬탄 공경하고 보시 공양하면 이 사람은 큰 과보를 얻음이 한량이 없고 가이 없으며 만약 능히 법계에 회향하면 그 복은 가히 비유할 수 없느니라.

　다음에 지장이여, 만약 미래세 중에 선
남자 선여인이 있어서 부처님 탑이나 절
이나 새로 간행된 대승경전을 만나 보시
하고 공양하며 우러러 예배하고 찬탄하며
공경 합장하거나, 혹은 헐었거나 혹은 무
너진 것을 만나 보수하고 고치되, 혹은 홀
로 발심하게 하면 경영하기도 하고 혹은
많은 사람에게 권하여 모두 함께 발심하
게 하면, 이와 같은 사람들은 삼십생 중에
항상 여러 소국왕이 되고 단월된 사람은 항
상 전륜왕이 되어 선법으로 여러 작은 국왕
들을 교화하게 되느니라.

　다음에 지장이여, 미래세 중에 만약 선
남자 선여인이 있어 불법 가운데에 심는
바 선근이 혹 보시하고 공양하고 혹 탑이
나 절을 보수하고, 혹 경전을 잘 장엄하되

내지 한 터럭 한 티끌 한 모래알 한 물방울만큼이라 하더라도, 이와 같은 선공덕을 다만 능히 법계에 회향하면 이 사람의 공덕은 백천생 중에 으뜸가는 묘락을 얻느니라. 혹 다만 자기 집안 권속에게만 회향하거나 혹은 자신의 이익에만 회향하면 이와 같은 과보는 곧 삼생 동안 낙을 누리게 되나니 가히 하나를 버려 만 가지 선보를 얻느니라. 이 까닭에 지장이여, 보시의 인연공덕이 이와 같음을 알지니라."

제11 지신이 호법함

저때에 견뢰지신(堅牢地神)이 부처님께 말씀드렸다.

"세존이시여, 저는 옛적부터 내려오면서 한량없는 보살마하살들을 우러러 뵈옵고 예배하였사옵는데, 모두가 크게 불가사의한 신통력과 지혜를 갖추시어서 널리 중생을 제도하시옵니다. 그러나 이 지장보살은 저 여러 보살들보다 서원이 깊고 중하옵니다. 세존이시여, 이 지장보살은 염부제에 큰 인연이 있사옵니다. 저 문수

·보현·관음·미륵 등 보살들과 같이 백천의 형상을 나투어 육도중생을 제도하시옵는데 그 원은 아직도 마칠 것이 있사옵니다. 이 지장보살이 육도에 있는 일체 중생들을 교화하고자 서원을 발한 바 겁수는 천백억 항하사와 같사옵니다.

세존이시여, 제가 미래와 현재의 중생들을 살피옵건대 저들이 머무는 곳이거나 남쪽으로 정결한 땅에 흙·돌·대·나무 등으로써 집을 만들어, 그 안에 지장보살의 형상을 그려 모시거나 금·은·동·철 등으로 형상을 만들어 모시고 향을 사루고 공양하며 우러러보고 예배하며 찬탄한다면, 이 사람이 사는 곳에는 곧 열 가지 이익이 있사오리다. 무엇이 열 가지인가 하오면 첫째는 토지가 풍년 들고, 둘째는 집안이 길이 편안하오며, 셋째는 조상들이나 죽은 권속들이 천상에 나며, 넷째는 살아 있는 가족들이 수명을 더하고, 다섯째는 구하는 바가 뜻대로 이루어지며, 여섯째는 물이나 불로 인한 재앙이 없으며, 일곱째는 헛되이 소모되는 일이 없게 되오며, 여덟째는 악몽이 끊어지고, 아홉째는 출입할 때 신장이 보호하며, 열째는 거룩한 인연을 많이 만나게 되는 것들이옵니다.

세존이시여, 미래세와 현재 중생들이 만약 능히 저들이 살고 있는 곳에서 이와 같이 공양을 닦으면 이와 같은 이익을 얻게 되옵니다. 세존이시여, 미래세 가운데에 어떤 선남자 선여인이 있어서 그가 머무는 곳에 이 경전과 보살의 존상이 모셔 있고 다시 이 사람이 경전을 독송하며 보살을 공양하면 제가 밤낮으로 저의 본 신력으로서 항상 이 사람을 호위하오며 내지 물이나 불이나 도적이나 그밖의 대소 횡액이나 일체 악한 일을 모두 소멸시키겠사옵니다."

부처님께서 견뢰지신에게 이르셨다.

"너의 대신력은 여러 신들이 미치는 자 드무니라. 왜냐하면 염부제의 토지가 다 너의 보호를 입으며, 내지 풀·나무·모래·돌·벼·삼·대·갈대·곡식·쌀과 보배까지 땅으로 좇아 있는 것이며, 이 모두는 너의 힘을 입기 때문이니라. 또한 네가 지장보살의 공덕에 관하여 찬탄하니 너의 공덕과 신통력은 저 보통신들보다 백천배나 되느니라. 지신이여, 만약 미래세 가운데에 혹 선남자 선여인이 있어 지장보살께 공양하고 이 경을 독송하되, 다만 지장본원경에 의지하여 한 가지 일만 수행하는 자라도 너는 마땅히 본신력으로 그를 옹호하여 일체 재해와 뜻대로 되지 않는 일들이 귀에 들리지 않게 할 것이니 하물며 그로 하여금 재앙을 받게 하랴. 네가 다만 홀로 이 사람을 옹호할 뿐만 아니라 제석·범천의 권속과 모든 천상의 권속들이 또한 이 사람을 옹호하리라. 어찌하여 이와 같이 성현들이 그 사람을 옹호하는가 하면 모두가 지장보살의 존상을 우러러 예경하며 이 본원경을 독송한 까닭이며 이 사람이 필경 자연히 고해(苦海)에서 벗어나 열반락을 얻게 되는 까닭이라. 그러므로 다들 크게 옹호하게 되느니라.”

제12 보고 듣는 데도 이익이 있음

저때에 세존께서 정수리 위에서 백천만억의 큰 호상광명을 놓으시니 이른바 백호상광이며 대백호상광이며 서호상광이며 대서호상광이며 옥호상광이며 대옥호상광이며 자호상광이며 대자호상광이며 청호상광이며 대청호상광이며 벽호상광이며 대벽호상광이며 홍호상광이며 대홍호상광이며 녹호상광이며 대녹호상광이며 금호상광이며 대금호상광이며 경운호상광이며 대경운호상광이며 천륜호광이며 대천륜호

광이며 보륜호광이며 대보륜호광이며 일
륜호광이며 대일륜호광이며 월륜호광이며
대월륜호광이며 궁전호광이며 대궁전호광
이며 해운호광이며 대해운호광 등이시다.
세존께서는 이러한 호상광을 정수리 위에
서 놓고나서 미묘한 음성으로 여러 대중
과 천룡팔부와 인비인 등에게 이르셨다.

"듣거라. 여래가 금일 도리천궁에서 지
장보살이 인간과 천상을 이익하게 하는
불가사의한 일과, 성스러운 인(因)을 뛰어
넘는 일과, 십지(十地)를 증득하는 일과,
필경에 아뇩다라삼먁삼보리에서 물러서지
않는 일을 칭양하고 찬탄하리라."

세존께서 이 말씀을 하실 때에 회중에
한 보살마하살이 계셨으니 이름이 관세음
(觀世音)이라. 자리에서 일어나 무릎을 꿇

고 합장하고 부처님께 말씀드렸다.

"세존이시여, 이 지장보살마하살이 대자비를 갖추사 죄고중생을 불쌍히 여기시어 천만억 세계에서 천만억의 몸을 나투시고 갖추신 바 공덕과 생각할 수 없는 위신력에 관하여 저는 듣고 있습니다. 세존께서는 시방의 한량없는 여러 부처님과 더불어 이구동음(異口同音)으로 지장보살을 찬탄하시며 이르시기를, 바로 과거와 현재와 미래의 모든 부처님께서 그 공덕을 말씀하시더라도 능히 다 말씀하시지 못한다 하셨사옵고, 또한 앞서도 세존께서 널리 대중에게 이르시기를 지장보살이 갖추신 공덕 등에 대하여 찬탄을 아끼지 않으셨음을 뵈었습니다. 세존이시여, 바라옵건대 현재와 미래 일체 중생을 위하여

지장보살의 불가사의한 공덕을 칭양하시
어, 천룡팔부 등으로 하여금 우러러 예배
하고 복을 얻도록 하여 주옵소서.”
　부처님께서 관세음보살에게 이르셨다.
　“너는 사바세계에 큰 인연이 있어 혹
하늘이나 혹 용이나 혹 남자나 여자나 혹
신이나 귀신이나 내지 육도에 있는 죄고
중생들이 너의 이름을 듣거나 너의 형상
을 보거나 너를 생각하고 따르는 자나 또
는 너를 찬탄하는 이러한 여러 중생들은
위없는 큰 도에서 반드시 퇴전하지 아니
하고 항상 인간과 천상에 태어나서 갖은
묘락을 누리며 인과가 장차 익음을 기다
려서 부처님의 수기를 받게 하고 있는 바,
네가 이제 다시 대자비로서 중생과 천룡
팔부를 불쌍히 보아 내가 지장보살의 불

가사의한 이익에 관하여 풀어 말하는 것을 듣고자 하는구나. 너 마땅히 자세히 들어라. 내가 이제 말하리라."

관세음보살이 말씀드렸다. "그러하옵니다. 세존이시여, 즐겨 듣고자 하옵니다."

부처님께서 관세음보살에게 이르셨다.

"미래와 현재의 모든 세계 가운데에 혹 천인이 있어 천복(天福)을 받다가 천복이 다하여 다섯 가지 쇠퇴해 가는 모양이 나타나서, 혹은 악도에 떨어졌을 때에 이와 같은 천인의 남녀가 그러한 형상이 나타나는 것을 보거든, 지장보살의 형상을 뵈옵거나 혹은 지장보살의 명호를 듣고 한 번 우러러보고 한 번 절하면 이 여러 천인들은 천복이 더욱 더하여 큰 쾌락을 받게 되어 길이 삼악도에 떨어지지 않게 되

느니라. 그러하거늘 어찌 하물며 지장보
살을 뵈옵거나 그 명호를 듣고 여러 가지
향·꽃·의복·음식·보배나   영락(瓔珞)을
가져 보시하고 공양함이랴. 이 사람이 얻
는 바 공덕과 복리는 한량없고 가이 없느
니라.

다음에 관세음이여, 만약 미래와 현재
의 여러 세계 가운데의 육도중생이 장차
목숨이 마치려 할 때, 지장보살의 명호를
듣고 그 한 소리만이라도 귀를 거치게 되
면 이 모든 중생들은 길이 삼악도의 괴로
운 길을 밟지 않을 것이니, 어찌 하물며
목숨이 마치려 할 때 그의 부모나 권속이
이 죽는 사람의 사택이나 재물이나 보배·
의복 등을 가져 지장보살의 형상을 만들
거나 혹은 그리거나 하며 또는 병자가 아

직 죽지 않았을 때에 지장보살을 눈으로 보고 그 명호를 귀로 듣게 하거나, 또는 도를 아는 권속이 있어 사택이나 보배 등을 가져 그 자신을 위하여 지장보살의 형상을 만들거나 그리게 함이라.

이 사람이 만약 지은 바 업보가 마땅히 중병을 앓을 것이라도 그 공덕을 힘입어 차차 병이 낫고 수명을 더하리라. 이 사람이 업보로 명이 다하였을 때에 마땅히 그가 지은 일체 죄장과 업장 때문에 마땅히 악취에 떨어질 것이라도, 그 공덕을 힘입어 목숨을 마친 뒤에 곧 인간이나 천상에 태어나 수승한 묘락을 받으며 일체 죄장이 모두 소멸하느니라.

다음에 관세음보살이여, 만약 미래세에 어떤 남자나 여인이 있어 혹은 젖먹을 때,

혹은 3세, 5세 또는 10세 이하에 부모를 잃거나 형제 자매를 여의고서 이 사람이 장년이 된 뒤에 부모와 여러 권속들을 생각하고 그리워하매 어느 취(趣)에 떨어져 있는지, 어느 세계에 태어났는지, 어느 하늘 가운데에 있는 줄 알지 못하더라도, 이 사람이 만약 능히 지장보살 형상을 만들거나 그리거나 내지 그 명호를 듣고 한 번 우러러보고 한 번 절하기를 하루로부터 7일에 이르도록 처음 마음이 흔들림이 없이 명호를 듣고 형상을 보며 우러러 예배하고 공양한다면, 이 사람의 권속이 설사 악한 업으로 인하여 악취에 떨어지고 또한 악도에 떨어진 지 많은 겁수가 지났다 하더라도 그 남녀 형제 자매가 지장보살의 형상을 만들거나 그려 우러러보고 예배한 공덕을 입어 곧 해탈하여 인간이나 천상 가운데 태어나 수승한 묘락을 받게 되며, 이 사람의 권속이 만일 복력이 있어서 이미 인간이나 천상 가운데 태어나서 수승한 묘락을 받고 있는 자라면 이 공덕을 입었으므로 거룩한 인연이 더욱 더하여져 한량없는 낙을 누리게 되느니라.

이 사람이 다시 능히 3·7일 동안 일심으로 지장보살의 형상을 우러러 예배하며 그 명호를 생각하기를 만 번에 이르면, 반드시 보살이 가없는 몸을 나투어 갖추시고 이 사람의 권속이 태어난 곳을 일러주며, 혹은 꿈 가운데서 보살이 대신력을 나투어 친히 이 사람으로 하여금 여러 세계에서 여러 권속을 보게 하느니라. 다시 능히 매일 천 번 보살의 명호를 생각하여 천 일에 이르면, 이 사람은 반드시 보살이 그가 있는 토지신을 시켜 종신토록 호위하게 하며, 현세에 의식이 풍족하고 여러 질병이나 고통을 없이하며 내지 횡액되는 일이 그 문 안에 들어오지 않거든 어찌 하물며 그 사람의 몸에 미치랴. 이 사람은 필경 보살의 마정수기를 받게 되느니라.

다음에 관세음보살이여, 만약 미래세에 선남자 선여인이 있어 넓고 큰 자비심을 발하여 일체 중생을 제도하고자 하는 자나, 위없는 보리를 닦고자 하는 자나, 삼계에서 뛰어나오고자 하는 이러한 여러 사람들이 지장보살의 형상을 보거나 그 명호를 듣고 지극한 마음으로 귀의하되, 혹은 향·꽃·의복·보배나 음식으로 공양하고 우러러 예배한다면 이 선남자 선여인은 원하는 바를 속히 이루며 길이 장애가 없으리라.

다음에 관세음보살이여, 만약 미래세에 선남자 선여인이 현재와 미래세에서 백천만억의 여러 가지 소원과 백천만억의 여러 가지 일들을 이루고자 할진대, 다만 지장보살 형상 앞에서 귀의하고 우러러 예배하며 공양하고 찬탄하면 이와 같은 소원이나 구하는 바는 모두 성취되느니라. 그리고 지장보살이 대자비를 갖추시니 길이 나를 옹호하여 주기를 원한다면, 이 사람은 꿈속에서 지장보살의 마정수기를 받을 것이니라.

다음에 관세음보살이여, 만약 미래에 선남자 선여인이 대승경전에 대하여 깊이 존중하는 마음과 부사의한 믿음을 내어 읽고 외우고자 하여, 설사 밝은 스승을 만나 가르침을 받아 익히고자 하여도 외웠다가는 또 잊고 읽다가도 곧 잊어 긴 세월이 흘러도 능히 독송하지 못할 때, 이 선남자 선여인 등은 묵은 업장이 있어 아직 소멸되지 않았기 때문에 대승경전을 독송하는 성품이 없는 것이니라.

이러한 사람은 지장보살의 명호를 들으며 또한 지장보살의 존상을 뵈옵고 본심을 다하여 공경스러이 그 사실을 말하고, 다시 향·꽃·의복·음식 그밖에 여러 가지 완구 등으로 보살을 공양할 것이며, 또한 정결한 물 한 잔을 지장보살 앞에 하루 낮 하루 밤 동안 두었다가 합장하고 마시되, 목을 돌려 남쪽을 향하고 물을 입에

멜 때 지극한 마음으로 정중을 다하여 마셔야 하느니라. 5신채와 술과 고기를 먹거나 사음이나 망어나 살생하는 것을 삼가하되, 7일 혹은 3·7일 동안 행하면 이 선남자 선여인은 꿈속에서 지장보살이 가없는 몸을 나투어, 이 사람 있는 곳에 이르러서 이마에 물을 부어주는 것을 보게 되리라. 그 사람이 꿈을 깨고 나면 곧 총명을 얻어서 경전이 한 번 귀를 지나가면 곧 기억하게 되고 한 글귀 한 게송까지라도 길이 잊지 않게 되느니라.

다음에 관세음보살이여, 만약 미래세에 여러 사람들이 있어서 의식이 부족하여 혹 의식을 구하더라도 소망이 이루어지지 않거나, 혹은 질병이 많거나, 혹은 흉하고 쇠한 것이 많아 집안이 불안하고 권속이

흩어지거나, 혹은 여러 생사가 몰아닥쳐
몸을 괴롭히고 또한 꿈속에도 놀라거나
무서운 일이 많거든, 이 사람들이 지장보
살의 명호를 듣거나 지장보살의 형상을
보고 지심으로 공경하며, 만 번을 염하면,
이 여러 가지 뜻과 같지 않은 일들이 점
점 소멸되어 안락을 얻고 의식이 풍족하
여지며 내지 꿈속에서도 항상 안락하리
라.

다음에 관세음보살이여, 만약 미래세에
선남자 선여인이 있어 혹은 생활에 필요
해서나, 혹은 공적 사적 일로 인해서나,
혹은 생사로 인해서나, 혹은 급한 일로 산
이나 숲에 들어가고 물이나 바다를 건너
며 큰 물에 이르고, 혹은 험한 길을 지나
게 될 때에, 이 사람이 먼저 지장보살의

명호를 만 번 염하면 그가 지나는 곳에 토지를 맡은 귀신들이 호위하여 행주좌와(行住坐臥)에 길이 안락하게 되고, 내지 호랑이나 늑대나 사자나 그밖의 일체 독해를 만나더라도 그가 능히 손해를 입지 않느니라.

관세음보살이여, 이 지장보살은 염부제에 큰 인연이 있으니 여래가 만약 지장보살을 보거나 그 이름을 듣고 얻는 이익에 대하여 백천겁 동안을 설하더라도 능히 다 말하지 못하느니라. 이 까닭에 관세음보살이여, 그대는 신력으로 이 경을 유포하여 사바세계 중생으로 하여금 백천만겁토록 길이 안락을 받도록 하라.”

저때에 세존께서 게송으로 말씀하셨다.

내가이제 지장보살 위신력을 관하거니
항하사겁 말하여도 다말하기 어렵도다
보고듣고 우러르고 예배하기 일념간에
하늘땅을 이익하기 가이한량 없사와라.
혹은남자 혹은여자 혹은어떤 용과신이
보다하여 삼악도에 떨어지게 되더라도
지심으로 지장보살 거룩한몸 귀의하면
수명늘고 모든죄장 남김없이 없어지네.
어떤사람 어린중에 양친부모 여의고서
부모님이 태어난곳 어디멘가 알길없고
형제자매 여러친족 풍비박산 흩어져서
탄생하고 성장하온 그모두를 다모를때
지장대성 그형상을 만들거나 그림그려
지극하게 첨례하고 잠시동안 안쉬면서
3·7일중 끊임없이 그이름을 염한다면
지장보살 가없는몸 그들앞에 나타나서

그의권속　태어난곳　고루고루　보여주며
악도중에　떨어져도　모두다　　건져내니
만약능히　처음마음　퇴전하지　않는다면
어김없이　이마만져　거룩한기　받게되리.
어떤사람　만약능히　무상보리　구하거나
삼계의　　고통바다　벗어나려　하올진대
이사람이　모름지기　대비심을　발하고서
지장보살　거룩한몸　우선먼저　첨례하면
여러가지　일체소원　하루빨리　성취되며
그앞길을　가로막는　모든업장　영없으리.
어떤사람　발심하여　이경전을　염하면서
여러중생　제도하여　저언덕에　가려하여
비록능히　부사의한　거룩한원　세우고서
읽고다시　또읽어도　모두다　　잊게되면
이사람은　지난동안　지은업장　장애되어
거룩하온　대승경전　능히외지　못함이니

향과꽃과　　옷과음식　　여러가지　　완구갖춰
지극정성　　기울여서　　지장대성　　공양하고
정결한물　　한잔떠서　　대성앞에　　차려놓고
하루한밤　　지난뒤에　　이물들어　　마실때에
은중심을　　발하고서　　5신채를　　삼가하고
주육이나　　사음이나　　망어또한　　삼가하며
살생또한　　하지않고　　3·7일을　　지낸동안
지장보살　　그명호를　　지심으로　　염한다면
꿈속에서　　대보살의　　가없는　　　몸을보고
깨고나면　　총명이근　　두루두루　　갖추어져
이경전의　　가르침이　　귓전에만　　지나가도
천만생을　　두고두고　　길이길이　　안잊으니
이모두는　　부사의한　　지장대성　　위신력이
이사람을　　능히시켜　　이지혜를　　얻게하네.
어떤중생　　빈궁하여　　또한병을　　많이얻고
집안운세　　기울어져　　권속들이　　흩어지며

꿈속에도　어느때나　편안하지　아니하고
구하는일　어그러져　뜻하는일　못이룰때
지장대성　존상앞에　지성다해　첨례하면
세간살이　그속에서　일체악사　다멸하며
꿈속에서　까지라도　어느때나　편안하고
의식이　　풍족하고　착한신이　호위하리.
어쩌다가　산림이나　험한바다　건널적에
독기품은　금수들과　또한악한　사람들과
악신들과　악귀들과　그밖의　　악풍들이
여러가지　재난으로　온갖고통　핍박할때
거룩하온　지장보살　존상전에　이르러서
일심으로　첨례하고　정성다해　공양하면
이와같은　산림이나　바다속에　우글대던
여러가지　악한재난　모두다　　소멸하네.
관음이여　지심다해　나의말씀　잘듣거라
지장대성　위신력은　끝이없고　부사의라.

이와같은 대사의힘 만약널리 설하려면
백천만겁 두고두고 말하여도 못다하네.
지장보살 그이름을 어떤사람 혹듣거나
거룩하온 형상앞에 지성다해 첨례커나
향과꽃과 의복들과 음식갖춰 공양하면
백천가지 미묘한낙 어김없이 받게되리.
만약능히 이공덕을 온법계에 회향하면
필경에   부처이뤄 생사를   초월하리
이까닭에 관음이여 너마땅히 이법알아
항하사   제국토에 널리일러 줄지니라.

제13 천상과 인간에게 부촉하심

저때에 세존께서 금빛의 팔을 드시어 지장보살마하살의 이마를 만지시며 말씀하셨다.

"지장, 지장이여. 너의 신력이 불가사의하구나. 너의 자비가 불가사의하구나. 너의 지혜가 불가사의하고 너의 변재가 불가사의하니, 바로 시방 모든 부처님께서 너의 불가사의한 공덕을 천만겁 동안 찬탄하고 말하여도 다 능히 말하지 못하겠구나. 지장, 지장이여. 내가 금일 도리천 가운데 천만억 불가설 불가설의 일체 불보살과 천룡팔부의 대회중에서, 거듭 인간과 천상의 여러 중생들이 삼계에서 벗어나지 못하고 불집 속을 헤매는 자들을 너에게 부촉한다.

이 모든 중생들이 하루 낮 하루 밤 동안이라도 악취에 떨어지지 않게 할 것이니 하물며, 다시 오무간지옥이나 아비지옥에 떨어져 문득 천만억 겁을 지나도 나올 기약이 없게 할까보냐. 지장이여, 이 남염부제 중생들은 성품이 정한 바가 없어 악한 짓을 익히는 자가 많아서 비록 선심을 발하였다가도 잠깐 사이에 곧 물러서며, 혹 악한 인연을 만나면 생각생각 더 자라가니 이런 까닭에 여래가 이 몸을 천백억으로 나누어 교화하고 제도하되 그들의 근기와 심성을 따라서 해탈시키느니라.

　지장이여, 내가 이제 은근히 인간과 천상의 무리들을 너에게 부촉하노니, 미래세에 만약 천상과 인간과 선남자 선여인이 불법 가운데서 자그마한 선근이라도 심되, 그것이 한 터럭 한 티끌 한 모래알 한 물방울만하더라도 너는 도력으로써 그 사람을 옹호하여 점점 위없는 도를 닦도록 하여 결코 퇴실하지 않도록 하라.

　다음에 지장이여, 미래세 중에 혹 천상이나 혹 인간이나간에 업을 따라 보를 받아 악취에 떨어지는 일이 있거든, 너는 그가 떨어진 곳에 나아가고 혹은 지옥문에 이르러서, 이 모든 중생들이 만약 능히 한 부처님 명호나 한 보살의 명호나 대승경전의 한 구절이나 한 게송만이라도 염하거든, 너는 이 모든 중생들을 신력의 방편을 기울여 그를 구출하여 고통에서 벗어나게 하되 그 사람 있는 곳에 가없는 몸을 나투어 지옥을 부수고 천상에 태어나도록 하여 수승한 묘락을 받도록 하라.”

이 때에 세존께서 게송으로 말씀하셨다.

현재와   미래세의 인천대중을
내이제   그대에게 부촉하노라.
대신통과 방편을써 제도하여서
악취에   떨어지지 않도록하라.

그때에 지장보살마하살이 무릎꿇고 합장하며 부처님께 말씀드렸다.

“세존이시여, 오직 바라옵나니 세존께

서는 염려를 놓으소서. 미래세 중에 혹 선남자 선여인이 있어 불법 가운데에 한 생각의 공경심만 있어도, 제가 백천방편으로써 그 사람을 제도하여 생사 중에서 속히 해탈을 얻게 하오리니, 하물며 어찌 여러 가지 착한 일을 듣고 생각생각 수행함이오리까. 이 사람은 자연히 위없는 큰 도에서 길이 퇴전하지 않으오리다."

이 말씀을 할 때에 회중에 허공장이라는 한 보살이 있어서 부처님께 말씀드렸다.

"세존이시여, 제가 도리천에 이르러 부처님께서 지장보살의 위신력이 불가사의함을 찬탄하심을 잘 들었사옵니다. 세존이시여, 미래세 중에 혹 선남자 선여인이나 여러 천상이나 용들이 있어 이 경전과 지장보살의 명호를 듣거나 혹은 지장보살의 형상을 우러러보고 예배한다면 몇 가지의 복리를 얻겠습니까? 바라옵나니 세존이시여, 현재와 미래세의 일체 중생들을 위하사 간략히 말씀하여 주옵소서.”

부처님께서 허공장보살에게 이르셨다.

“자세히 듣고 자세히 듣거라. 내가 마땅히 너를 위하여 분별하여 말하리라. 만약 미래세에 선남자 선여인이 있어 지장보살의 형상을 보거나 이 경을 듣거나, 내지 독송하고 향·꽃·음식·의복·보배 등을 가져 보시 공양하고 찬탄하여 우러러 예배하면 마땅히 28종의 이익을 얻으리라.

첫째는 천상과 용이 항상 생각하고 두호함이요, 둘째는 선한 과(果)가 날로 더함이요, 셋째는 성인의 높은 인(因)을 모음이요, 넷째는 보리도에서 물러서지 아니함이요, 다섯째는 의식의 풍족함이요, 여섯째는 질병이 이르지 못함이요, 일곱째는 수재나 화재를 여읨이요, 여덟째는 도적의 액난이 없음이요, 아홉째는 사람들이 보고 스스로 공경함이요, 열째는 신(神)과 귀(鬼)가 도와줌이요, 열한째는 여자는 남자 몸을 이룸이요, 열두째는 혹은 왕이나 대신의 딸이 됨이요, 열셋째는 상호가 단정함이요, 열넷째는 천상에 많이 태어남이요, 열다섯째는 혹은 제왕이 됨이요, 열여섯째는 숙명지(宿命智)를 통함이요, 열일곱째는 구하는 바가 다 이루어짐이요, 열여덟째는 권속들이 기뻐함이요, 열아홉째는 모든 횡액이 소멸됨이요, 스무째는 업도를 길이 없이함이요, 스물한

째는 가는 곳마다 다 통함이요, 스물두째
는 밤에 꿈이 안락함이요, 스물셋째는 죽
은 조상들이 고를 여읨이요, 스물넷째는
복을 받아 태어남이요, 스물다섯째는 모
든 성인이 찬탄함이요, 스물여섯째는 총
명하고 근기가 수승함이요, 스물일곱째는
자비한 마음이 넉넉함이요, 스물여덟째는
필경에 성불함이니라.

다음에 허공장보살이여, 만약 현재나
미래세에 천상사람이나 용이나 귀신 등이
지장보살의 명호를 듣거나, 지장보살의
형상을 예경하거나, 혹은 지장보살의 본
원과 행에 관한 일을 듣고 수행하고 찬탄
하며 우러러 예경하면 일곱 가지 이익을
얻느니라.

첫째는 빨리 성인의 땅에 이르게 됨이

요, 둘째는 악한 업이 소멸함이요, 셋째는 모든 부처님이 곁에서 보호하여 주심이요, 넷째는 보리에서 물러서지 아니함이요, 다섯째는 본력(本力)을 증장함이요, 여섯째는 숙명을 통함이요, 일곱째는 필경에 성불함이니라."

저때에 시방 일체 세계에서 온 불가설 불가설의 모든 부처님과 대보살과 천룡팔부 등이, 석가모니부처님께서 지장보살의 큰 위신력이 불가사의함을 칭양하고 찬탄함을 듣고 모두가 일찍이 알지 못한 일이라 하며 감탄하였다.

이때에 도리천이 한량없는 향과 꽃과 천의(天衣)와 보배 구슬을 비 내리어 석가모니부처님과 지장보살을 공양하고 나니, 일체 모인 대중들이 다 함께 다시 우러러 예경하고 합장하며 물러갔다.

예경하고 합장하며 물러갔다.

지장보살예찬문

지장보살 예찬문

저희들이　　엎드려서　　지성다하여
향로위에　　향　한쪽　　사르고나니
향기는　　　온법계를　　진동하옵고
이땅에서　　불국토로　　고루퍼지매
곳곳마다　　상서구름　　피어나오니
저희들의　　간절한뜻　　살펴주시사
자비하신　　부처님　　　강림하소서.

지심귀명례 시방법계 상주삼보
至心歸命禮 十方法界 常住三寶

(무릎 꿇고 합장하여 이르기를)

나무 지장왕보살 마하살
南無 地藏王菩薩 摩訶薩

대비대원　　대성대자　　보살께서는
미묘하온　　온갖공덕　　갖추었으며
대해탈의　　큰보배가　　나는곳이고
보살들의　　맑고밝은　　안목이시며
열반으로　　인도하는　　도사이어라.

온갖보배　　비내리는　　여의주처럼
구하는바　　그모두를　　만족케하며
온갖보배　　고루갖춘　　섬이시오며
모든선근　　키워주는　　좋은밭이며
대해탈의　　낙을담은　　그릇이오며
신묘하온　　공덕내는　　화수분이라.

착한이를　　비춰주는　　햇빛이시며
더운번뇌　　식혀주는　　달빛이시며
번뇌도적　　격파하는　　날쌘칼이며
더운여름　　나그네의　　정자나무며
다리없는　　사람에겐　　수레와같고
머나먼길　　가는이의　　자량이시며
길을잃은　　나그네의　　길잡이시며
미친사람　　마음잡는　　묘한약이며
병고중의　　사람에겐　　의사이시며
늙은이들　　의지하올　　지팡이시며
고달픈이　　편히쉬실　　평상이시며
생로병사　　건네주는　　다리이시며
불국토로　　가는이의　　보벌이어라.

3대선근　　두루닦은　　공덕신이며
모든선근　　얻게되는　　등류과시며

수레바퀴　구르듯이　항상베풀고
청정계행　견고함은　수미산같고
용맹정진　불퇴전은　금강보배며
안온하고　부동하기　대지이시며
정밀하온　대선정은　비밀장이며
화려하온　삼매장엄　화만과같고
깊고넓은　대지혜는　바다와같고
물들잖고　집착않음　허공같으며
묘한과보　가까움은　화엽같으며
일체외도　조복함은　사자왕이며
일체마군　굴복시킴　용상이시며
번뇌도적　모두베는　신검이시며
번잡함을　싫어함은　독각이시며
번뇌의때　씻어줌은　맑은물이며
모든악취　없애줌은　선풍과같고
온갖결박　끊으심은　칼날같으며

온갓공포 막으심은 아버지같고
온갓원적 막으심은 성곽같으며
온갓액난 구하심은 부모와같고
겁약한이 숨겨줌은 숲과같아라.

목마른 사람에겐 청량수되고
굶주린 사람에겐 과실이되며
헐벗은 사람에겐 의복이되고
더위속 사람에겐 큰구름되고
가난한 사람에겐 여의보되고
두려워 떠는이엔 의지처되며
농사짓는 이에게는 단비가되고
흐린물을 맑힘에는 월애주되어

모든중생 모든선근 두호하시며
묘한경계 나타내어 즐겁게하며

중생들의　참괴심을　더하게하며
복과지혜　구하는이　장엄갖추며
번뇌를　씻어내기　폭포수같고
산란심을　거두기는　삼매경계며
걸림없는　대변재는　수차같으며
깊은삼매　부동함은　묘색봄같고
대인욕에　안주함은　수미산같고
온갖법을　갈무리심　바다와같고
대신족이　자재함은　허공같으며
햇빛에　얼음녹듯　미혹없애며
선정도와　지혜섬에　항상노닐며
무공용의　대법륜을　항상굴리는
수승하온　큰공덕은　측량못해라.
오래닦아　견고하온　크신원력과
대자비와　용맹정진　크신공덕은
일체보살　뛰어넘어　비할데없기

잠시에도　　쉼　없이　　귀의하옵고
염불하고　　예불하고　　공양하올때
모든중생　　온갖고통　　모두여의며
온갖소원　　지체없이　　거둬주시어
천상나고　　열반길에　　들게하시니
저희들이　　일심으로　　정례합니다.

지심귀명례　본사 석가모니불
至心歸命禮　本師　釋迦牟尼佛

지심귀명례　극락세계 아미타불
至心歸命禮　極樂世界　阿彌陀佛

지심귀명례　사자분신구족만행불
至心歸命禮　獅子奮迅具足萬行佛

지심귀명례　각화정자재왕불
至心歸命禮　覺華定自在王佛

지심귀명례　일체지성취불
至心歸命禮　一切智成就佛

지심귀명례　청정연화목불
至心歸命禮　清淨蓮華目佛

지심귀명례 무변신불
至心歸命禮 無邊身佛

지심귀명례 다보불
至心歸命禮 多寶佛

지심귀명례 보승불
至心歸命禮 寶勝佛

지심귀명례 파두마승불
至心歸命禮 波頭摩勝佛

지심귀명례 사자후불
至心歸命禮 獅子吼佛

지심귀명례 구류손불
至心歸命禮 拘留孫佛

지심귀명례 비바시불
至心歸命禮 毗婆尸佛

지심귀명례 보상불
至心歸命禮 寶相佛

지심귀명례 가사당불
至心歸命禮 袈裟幢佛

지심귀명례 대통산왕불
至心歸命禮 大通山王佛

지심귀명례 정월불
至心歸命禮 淨月佛

지심귀명례 지승불
至心歸命禮 智勝佛

지심귀명례 정명왕불
至心歸命禮 淨名王佛

지심귀명례 지성취불
至心歸命禮 智成就佛

지심귀명례 산왕불
至心歸命禮 山王佛

지심귀명례 무상불
至心歸命禮 無上佛

지심귀명례 묘성불
至心歸命禮 妙聲佛

지심귀명례 만월불
至心歸命禮 滿月佛

지심귀명례 월면불
至心歸命禮 月面佛

지심귀명례 오십삼불
至心歸命禮 五十三佛

지심귀명례 진시방 삼세 일체제불
至心歸命禮 盡十方 三世 一切諸佛

지심귀명례 지장보살본원경
至心歸命禮 地藏菩薩本願經

지심귀명례 대승대집지장십륜경
至心歸命禮 大乘大集地藏十輪經

지심귀명례 점찰선악업보경
至心歸命禮 占察善惡業報經

지심귀명례 진시방 삼세 일체존법
至心歸命禮 盡十方 三世 一切尊法

지심귀명례 입능발지정 지장보살
至心歸命禮 入能發智定 地藏菩薩

지심귀명례 입구족무변지정 지장보살
至心歸命禮 入具足無邊智定 地藏菩薩

지심귀명례 입구족청정지정 지장보살
至心歸命禮 入具足淸淨智定 地藏菩薩

지심귀명례 입구족참괴지정 지장보살
至心歸命禮 入具足慚愧智定 地藏菩薩

지심귀명례 입구족제승명정 지장보살
至心歸命禮 入具足諸乘明定 地藏菩薩

지심귀명례 입무우신통명정 지장보살
至心歸命禮 入無憂神通明定 地藏菩薩

지심귀명례 입구족승통명정 지장보살
至心歸命禮 入具足勝通明定 地藏菩薩

지심귀명례 입보조제세간정 지장보살
至心歸命禮 入普照諸世間定 地藏菩薩

지심귀명례 입제불등거명정 지장보살
至心歸命禮 入諸佛燈炬明定 地藏菩薩

지심귀명례 입금강광정 지장보살
至心歸命禮 入金剛光定 地藏菩薩

지심귀명례 입전광명정 지장보살
至心歸命禮 入電光明定 地藏菩薩

지심귀명례 입구족상묘미정 지장보살
至心歸命禮 入具足上妙味定 地藏菩薩

지심귀명례 입구족승정기정 지장보살
至心歸命禮 入具足勝精氣定 地藏菩薩

지심귀명례 입상묘제자구정 지장보살
至心歸命禮 入上妙諸資具定 地藏菩薩

지심귀명례 입무쟁지정 지장보살
至心歸命禮 入無諍智定 地藏菩薩

지심귀명례 입구족세로광정 지장보살
至心歸命禮 入具足世路光定 地藏菩薩

지심귀명례 입선주승금강정 지장보살
至心歸命禮 入善住勝金剛定 地藏菩薩

지심귀명례 입구족자비성정 지장보살
至心歸命禮 入具足慈悲聲定 地藏菩薩

지심귀명례 입인집제복덕정 지장보살
至心歸命禮 入引集諸福德定 地藏菩薩

지심귀명례 입해전광정 지장보살
至心歸命禮 入海電光定 地藏菩薩

지심귀명례 이제정력제도병겁 지장보살
至心歸命禮 以諸定力除刀兵劫 地藏菩薩

지심귀명례 이제정력제질병겁 지장보살
至心歸命禮 以諸定力除疾病劫 地藏菩薩

지심귀명례 이제정력제기근겁 지장보살
至心歸命禮 以諸定力除饑饉劫 地藏菩薩

지심귀명례 현불타신 지장보살
至心歸命禮 現佛陀身 地藏菩薩

지심귀명례 현보살신 지장보살
至心歸命禮 現菩薩身 地藏菩薩

지심귀명례 현독각신 지장보살
至心歸命禮 現獨覺身 地藏菩薩

지심귀명례 현성문신 지장보살
至心歸命禮 現聲聞身 地藏菩薩

지심귀명례 현대자재천신 지장보살
至心歸命禮 現大自在天身 地藏菩薩

지심귀명례 현대범천신 지장보살
至心歸命禮 現大梵天身 地藏菩薩

지심귀명례 현타화자재천신 지장보살
至心歸命禮 現他化自在天身 地藏菩薩

지심귀명례 현야마천신 지장보살
至心歸命禮 現夜摩天身 地藏菩薩

지심귀명례 현도사다천신 지장보살
至心歸命禮 現賭史多天身 地藏菩薩

지심귀명례 현제석천신 지장보살
至心歸命禮 現帝釋天身 地藏菩薩

지심귀명례 현사대천왕신 지장보살
至心歸命禮 現四大天王身 地藏菩薩

지심귀명례 현전륜왕신 지장보살
至心歸命禮 現轉輪王身 地藏菩薩

지심귀명례 현장부신 지장보살
至心歸命禮 現丈夫身 地藏菩薩

지심귀명례 현부녀신 지장보살
至心歸命禮 現婦女身 地藏菩薩

지심귀명례 현동남신 지장보살
至心歸命禮 現童男身 地藏菩薩

지심귀명례 현동녀신 지장보살
至心歸命禮 現童女身 地藏菩薩

지심귀명례 현용신 지장보살
至心歸命禮 現龍身 地藏菩薩

지심귀명례 현야차신 지장보살
至心歸命禮 現藥叉身 地藏菩薩

지심귀명례 현나찰신 지장보살
至心歸命禮 現羅刹身 地藏菩薩

지심귀명례 현아귀신 지장보살
至心歸命禮 現餓鬼身 地藏菩薩

지심귀명례 현사자신 지장보살
至心歸命禮 現獅子身 地藏菩薩

지심귀명례 현향상신 지장보살
至心歸命禮 現香象身 地藏菩薩

지심귀명례 현마신우신 지장보살
至心歸命禮 現馬身牛身 地藏菩薩

지심귀명례 현종종금수지신 지장보살
至心歸命禮 現種種禽獸之身 地藏菩薩

지심귀명례 현염마왕신 지장보살
至心歸命禮 現閻魔王身 地藏菩薩

지심귀명례 현지옥졸신 지장보살
至心歸命禮 現地獄卒身 地藏菩薩

지심귀명례 현지옥제유정신 지장보살
至心歸命禮 現地獄諸有情身 地藏菩薩

지심귀명례 증장사중수명 지장보살
至心歸命禮 增長四衆壽命 地藏菩薩

지심귀명례 증장사중무병 지장보살
至心歸命禮 增長四衆無病 地藏菩薩

지심귀명례 증장사중색력명문 지장보살
至心歸命禮 增長四衆色力名聞 地藏菩薩

지심귀명례 증장사중정계다문 지장보살
至心歸命禮 增長四衆淨戒多聞 地藏菩薩

지심귀명례 증장사중자구재보 지장보살
至心歸命禮 增長四衆資具財寶 地藏菩薩

지심귀명례 증장사중혜사 지장보살
至心歸命禮 增長四衆慧捨 地藏菩薩

지심귀명례 증장사중묘정 지장보살
至心歸命禮 增長四衆妙定 地藏菩薩

지심귀명례 증장사중안인 지장보살
至心歸命禮 增長四衆安忍 地藏菩薩

지심귀명례 증장사중방편 지장보살
至心歸命禮 增長四衆方便 地藏菩薩

지심귀명례 증장사중각분성제광명
至心歸命禮 增長四衆覺分聖諦光明

지장보살
地藏菩薩

지심귀명례 증장사중취입대승정도
至心歸命禮 增長四衆趣入大乘正道

지장보살
地藏菩薩

지심귀명례 증장사중법명 지장보살
至心歸命禮 增長四衆法明 地藏菩薩

지심귀명례 증장사중성숙유정 지장보살
至心歸命禮 增長四衆成熟有情 地藏菩薩

지심귀명례 증장사중대자대비 지장보살
至心歸命禮 增長四衆大慈大悲 地藏菩薩

지심귀명례 증장사중묘칭변만삼계
至心歸命禮 增長四衆妙稱徧滿三界

지장보살
地藏菩薩

지심귀명례 증장사중법우보윤삼계
至心歸命禮 增長四衆法雨普潤三界

지장보살
地藏菩薩

지심귀명례 증장사중일체대지정기자미
至心歸命禮 增長四衆一切大地精氣滋味

지장보살
地藏菩薩

지심귀명례 증장사중일체종자정기자미
至心歸命禮 增長四衆一切種子精氣滋味

지장보살
地藏菩薩

지심귀명례 증장사중일체선작사업
至心歸命禮 增長四衆一切善作事業

지장보살
地藏菩薩

지심귀명례 증장사중정법정기선행
至心歸命禮 增長四衆正法精氣善行

지장보살
地藏菩薩

지심귀명례 증장사중유익지수화풍
至心歸命禮 增長四衆有益地水火風

지장보살
地藏菩薩

지심귀명례 증장사중육도피안묘행
至心歸命禮 增長四衆六到彼岸妙行

지장보살
地藏菩薩

지심귀명례 영리우고희구만족 지장보살
至心歸命禮 令離憂苦希求滿足 地藏菩薩

지심귀명례 영리우고음식충족 지장보살
至心歸命禮 令離憂苦飮食充足 地藏菩薩

지심귀명례 영리우고자구비족 지장보살
至心歸命禮 令離憂苦資具備足 地藏菩薩

지심귀명례 영리원증애락합회 지장보살
至心歸命禮 令離怨憎愛樂合會 地藏菩薩

지심귀명례 영유중병신심안온 지장보살
至心歸命禮 令愈衆病身心安穩 地藏菩薩

지심귀명례 영사독심자심상향 지장보살
至心歸命禮 令捨毒心慈心相向 地藏菩薩

지심귀명례 영해뇌옥자재환희 지장보살
至心歸命禮 令解牢獄自在歡喜 地藏菩薩

지심귀명례 영리수집편달가해 지장보살
至心歸命禮 令離囚執鞭撻加害 地藏菩薩

지심귀명례 영창신심기력강성 지장보살
至心歸命禮 令暢身心氣力強盛 地藏菩薩

지심귀명례 영구제근무유손괴 지장보살
至心歸命禮 令具諸根無有損壞 地藏菩薩

지심귀명례 영리요뇌심무광란 지장보살
至心歸命禮 令離擾惱心無狂亂 地藏菩薩

지심귀명례 영리탐욕신심안락 지장보살
至心歸命禮 令離貪欲身心安樂 地藏菩薩

지심귀명례 영리위난안온무손 지장보살
至心歸命禮 令離危難安穩無損 地藏菩薩

지심귀명례 영리포외보전신명 지장보살
至心歸命禮 令離怖畏保全身命 地藏菩薩

지심귀명례 영리우고만족다문 지장보살
至心歸命禮 令離憂苦滿足多聞 地藏菩薩

지심귀명례 우살생자설숙앙단명보
至心歸命禮 遇殺生者說宿殃短命報

지장보살
地藏菩薩

지심귀명례 우절도자설빈궁고초보
至心歸命禮 遇竊盜者說貧窮苦楚報

지장보살
地藏菩薩

지심귀명례 우사음자설작합원앙보
至心歸命禮 遇邪淫者說雀鴿鴛鴦報

지장보살
地藏菩薩

지심귀명례 우악구자설권속투쟁보
至心歸命禮 遇惡口者說眷屬鬪諍報

지장보살
地藏菩薩

지심귀명례 우훼방자설무설창구보
至心歸命禮 遇毀謗者說無舌瘡口報

지장보살
地藏菩薩

지심귀명례 우진에자설추루융잔보
至心歸命禮 遇瞋恚者說醜陋癃殘報

지장보살
地藏菩薩

지심귀명례 우간린자설소구위원보
至心歸命禮 遇慳悋者說所求違願報

지장보살
地藏菩薩

지심귀명례 우음식무도자설기갈인병보
至心歸命禮 遇飮食無度者說飢渴咽病報

지장보살
地藏菩薩

지심귀명례 우전렵자정자설경광상명보
至心歸命禮 遇畋獵恣情者說驚狂喪命報

지장보살
地藏菩薩

지심귀명례 우패역부모자설천지재살보
至心歸命禮 遇悖逆父母者說天地災殺報

지장보살
地藏菩薩

지심귀명례 우소림자설광미취사보
至心歸命禮 遇燒林者說狂迷取死報

지장보살
地藏菩薩

지심귀명례 우망포생추자설골육분리보
至心歸命禮 遇網捕生雛者說骨肉分離報

지장보살
地藏菩薩

지심귀명례 우훼방삼보자설맹롱음아보
至心歸命禮 遇毀謗三寶者說盲聾瘖瘂報

지장보살
地藏菩薩

지심귀명례 우경법만교자설영처악도보
至心歸命禮 遇輕法慢敎者說永處惡道報

지장보살
地藏菩薩

지심귀명례 우파용상주자설윤회지옥보
至心歸命禮 遇破用常住者說輪廻地獄報

지장보살
地藏菩薩

지심귀명례 우오범무승자설영재축생보
至心歸命禮 遇汚梵誣僧者說永在畜生報

지장보살
地藏菩薩

지심귀명례 우탕화참작상생자설체상보
至心歸命禮 遇湯火斬斫傷生者說遞償報

지장보살
地藏菩薩

지심귀명례 우파계범재자설금수기아보
至心歸命禮 遇破戒犯齋者說禽獸飢餓報

지장보살
地藏菩薩

지심귀명례 우비리훼용자설소구궐절보
至心歸命禮 遇非理毀用者說所求闕絶報

지장보살
地藏菩薩

지심귀명례 우오아공고자설비사하천보
至心歸命禮 遇吾我貢高者說卑使下賤報

지장보살
地藏菩薩

지심귀명례 우양설투란자설무설백설보
至心歸命禮 遇兩舌鬪亂者說無舌百舌報

지장보살
地藏菩薩

지심귀명례 우사견자설변지수생보
至心歸命禮 遇邪見者說邊地受生報

지장보살
地藏菩薩

지심귀명례 백천방편교화중생 지장보살
至心歸命禮 百千方便教化衆生 地藏菩薩

지심귀명례 문수사리보살
至心歸命禮 文殊師利菩薩

지심귀명례 보현보살
至心歸命禮 普賢菩薩

지심귀명례 관세음보살
至心歸命禮 觀世音菩薩

지심귀명례 대세지보살
至心歸命禮 大勢至菩薩

지심귀명례 아일다보살
至心歸命禮 阿逸多菩薩

지심귀명례 재수보살
至心歸命禮 財首菩薩

지심귀명례 정자재왕보살
至心歸命禮 定自在王菩薩

지심귀명례 광목보살
至心歸命禮 光目菩薩

지심귀명례 일광보살
至心歸命禮 日光菩薩

지심귀명례 월광보살
至心歸命禮 月光菩薩

지심귀명례 무진의보살
至心歸命禮 無盡意菩薩

지심귀명례 해탈보살
至心歸命禮 解脫菩薩

지심귀명례 보광보살
至心歸命禮 普廣菩薩

지심귀명례 진시방삼세일체보살
至心歸命禮 盡十方三世一切菩薩

지심귀명례 발양계교권선대사 도명존자
至心歸命禮 發揚啓敎勸善大師 道明尊者

지심귀명례 진시방삼세일체현성승
至心歸命禮 盡十方三世一切賢聖僧

예배하온   큰공덕과   뛰어난행의
가없는   수승한복   회향하오니
바라건대   고에빠진   모든유정이
어서바삐   극락국에   나가지이다.
나무대자대비   대원본존   지장보살

(지장보살 염불 백천만번)

지장보살   신묘위력   비할데없네
금색화신   곳곳마다   고루나투사
삼도육도   중생에게   묘법설하여
사생십류   모든중생   자은을입네.

장상명주　　천당길을　　밝게비추고
금석떨쳐　　지옥문을　　활짝여시고
누세종친　　친척들을　　이끌어내어
구품연대　　부처님께　　예배케하네.

발원문

제2 반야보살행원기도

●

축원문

왕생정토기원

발원문(제2 반야보살 행원기도)

위없는 진리로서 영원하시고 법성광명으로 자재하옵신 본사세존이시여, 저희들의 지성 섭수하시고, 자비 거울로 간곡히 살펴 주옵소서.

대자비 세존께서는 온 중생 하나하나 잠시도 버리지 않으시고 영원한 진리광명으로 성숙시키시건만, 미혹한 범부들이 크신 광명 등지고 스스로 미혹의 구름을 지어 끝없는 방황을 계속하여 왔사옵니다.

장애와 고난과 죽음이 따랐고, 불행과 눈물과 죄악의 업도를 이루었사옵니다. 그러하오나 부처님의 지극하신 자비 위신력은 저희들을 살피시고 감싸시어 저희들에게 믿음의 눈을 열게 하셨사옵니다.

저희들의 본성이 어둠과 죄악이 아니고 광명과 지혜이오며, 불안과 장애가 아니고 행복과 자재이오며, 무능과 부덕이 아니라 일체성취의 원만공덕이 충만함을 깨닫게 하셨사옵니다. 저희 생명에서 부처님의 자비로운 위신력이 샘물처럼 솟아나고, 부처님의 크신 자비와 큰 서원은 생명의 소망으로 빛나고 있음을 깨달았습니다.

저희들의 용기는 무장애 신력으로 장엄하였고, 부처님의 자비하신 가호력이 영원히 함께 함을 깨달았습니다. 부처님의 크나큰 원력이 저희들과 저희 국토를 성숙시키시니 저희 국토는 영원히 진리를 실현하고 영광으로 가득 채울 축복될 땅임을 깨달았습니다. 이처럼 커다란 은혜와 찬란한 광명으로 장엄한 저희들에게 어찌 실로 불행과 고난이 있사오리까.

영원히 행복하고 뜻하는 바는 모두 이루며, 행운과 성공이 끝없이 너울치는 은혜의 평원이 열리고 있사옵니다. 마하반야 바라밀의 크신 위덕이 이와 같이 일체중생 일체국토를 광명으로 성숙시키고, 일체 생명 위에 무애 위덕을 갖추어 주셨사옵니다.

이와 같은 부처님의 대자비 은덕으로, 저희들의 생각은 항상 맑고 뜻은 바르며, 마음은 끝없이 밝은 슬기로 가득차 있사옵니다. 그러므로 저희들이 부처님의 반야 법문을 깨닫고 이 믿음에 머무르니 끝없는 행복의 나날이 열려옵니다. 불행은 이름을 감추고, 희망의 햇살은 나날이 밝음을 더하고, 성공의 나무에는 은혜의 과실이 풍성하고, 저희들의 생애는 끝없는 성취를 충만케 하십니다.

대자비 세존이시여, 이제 저희들은 부처님의 끝없는 은혜 광명속에서 지성으로 감사드리고 환희 용약하오면서 서원을 드리옵니다.

저희들은 반야 법문에서 결코 물러서지 않겠습니다. 생명의 바닥에 영원히 빛나는 부처님의 끝없는 은혜를 잠시도 잊지 않겠습니다. 온 누리 온 중생 위에 끊임없이 넘치는 부처님의 자비 은덕을 끝없이 존경하고 찬탄하겠습니다. 부처님을 위시한 일체 삼보님과 일체 중생에게 온갖 정성 바쳐 공양하고, 섬기고 받들겠습니다. 그리하여 영원토록 모든 국토 모든 중생에게 평화 행복이 결실되도록 힘쓰겠습니다.

　자비하신 세존이시여, 저희들의 이 서원이 이루어지도록 가호하여 주옵소서. 모든 번뇌에서 해탈하고 고난에서 벗어나며, 대립과 장애와 온갖 한계의 벽을 무너뜨리고, 걸림없는 반야광명이 드러나게 하여 주옵소서. 미혹의 구름이 덮여 올 때 믿음의 큰 바람이 일게 하시며, 고난과 장애를 보게 될 때 바라밀 무장애의 위덕이 빛나게 하여 주옵소서. 그리하여 저희들의 생애가 보살의 생애로서, 일체 중생과 역사와 국토를 빛냄으로써 마침내 부처님의 크신 은덕을 갚아지이다.

　나무석가모니불
　나무석가모니불
　나무시아본사석가모니불.

축원문(왕생정토 기원)

시방삼세 영원토록 항상하신 삼보전에
저희들이 일심정성 우러-러 아뢰오니
대자대비 베푸시어 거두-어 주옵소서.
위로조차 닦아-온 한이없는 큰공덕을
위-없는 보리도와 제불보살 큰성현과
삼계일체 중생에게 모두회향 하옵나니
일체-에 두루하여 원만하여 지이-다.
저희조국 대한민국 만만세로 평화롭고
겨레형제 안락하고 큰보리심 발하오며
세계국토 항상맑고 천국만민 자유얻고
십류사생 빠짐없이 고루성불 하여이다.
위-없이 밝은법문 온천지에 넘쳐나고
불법광명 항상빛나 큰법수레 굴러이다.
사바세계 한반도에 보리도량 빛난중에

저희들이 계수하며 일심정성 원하오니
자비하신 원력으로 다시거둬 주옵소서.

역대선망 조상님과 시방법계 영가들이
〔선망(자모)(본관○씨)○○○영가가〕
거룩하온 이인연에 크신은혜 가득입고
불보살님 크신광명 그의앞길 밝게비춰
과거생과 생전중에 지은업장 소멸되고
극락세계 구품연대 상상품에 가서나고
아미타불 친견하여 법문듣고 마음열어
생사없는 큰지혜를 남김없이 요달하여
시방국토 드나들며 광명놓고 설법하여
불보살님 크신서원 함께이룩 하여이다.
다시또한 이미가신 스승님과 부모님과
누―세의 종친들과 형제자매 영가들과
불법도량 창건이래 중건중수 공덕주와

오늘날에 이르도록 인연공덕 지은이와
도량내외 유주무주 외로-운 영가들과
나라위해 목숨바친 충의장병 애국선열
세계평화 이루고저 몸을바친 성현들과
지옥계와 아귀도중 고통받는 고혼들이
부처님의 한이없는 대비원력 입사와서
삼-계의 고통바다 모두함께 벗어나고
극락세계 광명국토 연꽃나라 왕생하여
부처님의 감로법문 정수리에 부어지고
큰반야의 밝은지혜 활연성취 하여이다.
아울-러 바라옴은 금일지성 제자들과
노소남녀 가족들과 형제들과 친족들과
이도량에 함께모인 스님들과 신도들에
부처님의 자비광명 어느때나 감싸아서
마음속의 원하는바 착한소망 다이루고
나날-이 상서일고 모든재난 소멸하며

수명의산 견고하고 복의바다 더욱넓어
밝은지혜 큰원으로 보살대도 이뤄지이다.
온─법계 불자들이 크신은혜 항상입어
보리도량 다이르고 불보살님 친견하여
제불광명 항상받고 모든죄장 소멸하며
한량없는 지혜얻고 무상정각 이루어서
법계중생 모두함께 마하반야 바라밀─.

　나무석가모니불
　나무석가모니불
　나무시아본사석가모니불.

지장경

ⓒ 광덕, 1978

1978년 3월 31일 초판 1쇄 발행
2025년 3월 28일 2판 48쇄 발행

지은이 광덕
발행인 박상근(至弘) • 편집인 류지호 • 편집이사 양동민
편집 김재호, 양민호, 김소영, 최호승, 정유리 • 디자인 쿠담디자인
제작 김명환 • 마케팅 김대현, 김대우, 이선호, 류지수 • 관리 윤정안
콘텐츠국 유권준, 김희준

펴낸 곳 불광출판사 (03169) 서울시 종로구 사직로10길 17 인왕빌딩 301호
　　　　대표전화 02) 420-3200 편집부 02) 420-3300 팩시밀리 02) 420-3400
　　　　출판등록 제300-2009-130호(1979. 10. 10.)

ISBN 89-7479-602-3

값 15,000원

잘못된 책은 구입하신 서점에서 바꾸어 드립니다.
독자의 의견을 기다립니다. www.bulkwang.co.kr
불광출판사는 (주)불광미디어의 단행본 브랜드입니다.